Catequesis con Espíritu

VÍCTOR MANUEL FERNÁNDEZ

Catequesis con Espíritu

Los diez caminos
de la espiritualidad catequística

SAN PABLO

© SAN PABLO 2025
  Protasio Gómez, 11-15. 28027 Madrid
  Tel. 917 425 113
  secretaria.edit@sanpablo.es

Esta obra fue publicada originalmente por:
© AGAPE LIBROS 2017
  Av. San Martín 6863
  (1419) Ciudad Autónoma de Buenos Aires - Argentina
  www.agape-libros.com.ar

Distribución: SAN PABLO. División Comercial
Resina, 1. 28021 Madrid
Tel. 917 987 375
ventas@sanpablo.es
ISBN: 978-84-285-7409-9
Depósito legal: M. 15.773-2025
Impreso en Artes Gar.Vi. 28970 Humanes (Madrid)
Printed in Spain. Impreso en España

Siglas

AG   *Ad gentes* (Concilio Vaticano II)
AL   *Amoris laetitia* (Papa Francisco)
CT   *Catechesi tradendae* (San Juan Pablo II)
EG   *Evangelii gaudium* (Papa Francisco)
EN   *Evangelii nuntiandi* (San Pablo VI)
GS   *Gaudium et spes* (Concilio Vaticano II)
NMI *Novo millennio ineunte* (San Juan Pablo II)
PO   *Presbyterorum Ordinis* (Concilio Vaticano II)
RMi *Redemptoris missio* (San Juan Pablo II)
SD   *Documento de Santo Domingo*
ST   *Suma Teológica* (Santo Tomás de Aquino)

Espiritualidad de la actividad del catequista

Cuando se habla de la espiritualidad del catequista, lamentablemente suele decirse lo mismo que podría afirmarse de un sacerdote, una religiosa, o un monje. Se dice, por ejemplo, que la espiritualidad del catequista está integrada por la oración personal, la lectura de la Biblia, la Eucaristía y, suele agregarse, la Liturgia de las Horas. Pero entonces no se habla de una espiritualidad *específica* del catequista, ni siquiera de una espiritualidad, sino solo de algunos *medios* de espiritualidad comunes a todos los cristianos.

La espiritualidad que caracteriza a un catequista, como cualquier otra espiritualidad cristiana, está *marcada por las notas propias de su misión*. No se trata de espacios de espiritualidad vividos al margen de esa misión, como si uno hiciera un paréntesis íntimo para dedicarse a Dios y como si la tarea catequística no fuera «espiritual»[1].

La propia misión no es un apéndice o una parte de la existencia personal. La misión marca a fondo la vida y la identidad, de tal manera que uno se entiende a sí mismo como transformado por esa misión. El nombre de «Jesús», que significa «Dios salva», quiere decir que Jesús estaba completamente marcado por su misión de salvador. Lo mismo debería suceder con un catequista de almas. Un buen catequista se identifica de tal modo con su misión que podría agregarla a su nombre: «Marta Catequista López», «Francisco Catequista Bosch».

De este modo, comprendemos que la espiritualidad también debe estar marcada por la misión catequística. El catequista está llamado a vivir una profundidad espiritual en su propia misión. Si esto es así, cuando el catequista tiene un momento de contemplación en la oración, eso que contempla permanece en su corazón cuando va a dar catequesis, y lo vive en la misma actividad *catequística*.

---

[1] Cf J. M. Martínez Beltrán, *Catequista,* en C. Floristán-J. J. Tamayo (dirs.), *Diccionario abreviado de Pastoral,* Verbo Divino, Estella 1992, 73-74; E. Alberich, *Catequesis y praxis eclesial,* Central Catequística Salesiana, Madrid 1983; V. Pedrosa, *La catequesis hoy,* PPC, Madrid 1983.

Es más, eso que se contempla en la oración se hace más maduro cuando pasa a la acción y se comunica a otros. En la comunicación, lo que uno ha contemplado se enriquece, se expresa, se aplica, se profundiza, se proyecta y crece en el ejercicio del ministerio catequístico.

Como consecuencia, cuando el catequista termina un encuentro catequístico y vuelve a tener un momento de recogimiento, ese encuentro solitario con Dios será más rico que el anterior, porque ahora estará cargado con la riqueza que le ha dado la vida y, más concretamente, con lo que vivió en el encuentro de catequesis.

La espiritualidad es el dinamismo del amor que el Espíritu infunde en nuestros corazones e impregna toda nuestra vida. Pero ese dinamismo del amor está marcado, enriquecido, adornado, embellecido por *notas distintivas que vienen de la misión* que uno debe realizar, de la tarea concreta que debe desempeñar para los demás.

Por eso, no ama de la misma manera un catequista que un monje o que un predicador itinerante. Ama de otro modo, con otro estilo, con una pasión diferente.

Podemos decir que cuando una tarea se vive de un modo adecuado, se crea una *cultura espiritual* propia de esa *misión* recibida de Dios. Esa cultura espiritual se transmite cada vez que un nuevo catequista se integra a una comunidad de catequistas, y adquiere espontáneamente –como por ósmosis– las notas de la espiritualidad de su misión. Pero esto sucede si verdaderamente en esa comunidad de catequistas hay una «cultura espiritual catequística». Es decir, si en esa comunidad se ha encarnado verdaderamente la espiritualidad específica de la acción catequística; si esa espiritualidad propia se ha convertido en una especie de «tesoro comunitario» que otorga vida y dinamismo. En ese caso, la espiritualidad cristiana se ha «encarnado» verdaderamente en la misión catequística.

La espiritualidad evangelizadora es un camino de *santificación comunitaria en el ejercicio de la misión apostólica*. Este camino no deja fuera nada de lo que integra la actividad evangelizadora. Todo ha de situarse bajo el impulso del Espíritu de santidad. Todo ha de elevarse en la presencia del Dios Santo, implorando juntos su luz, su auxilio y su perdón. Por tanto, también el camino responsable y participativo de planificación pastoral, ejecución y evaluación, a la luz de la Palabra, forma parte de este proceso de santificación comunitaria. Necesitamos superar toda forma de dualismo, como si la organización fuera una realidad diferente o separada de la vida según el Espíritu.

Cuando llegue el encuentro de catequesis, después de haberlo preparado a lo largo de la semana, ese momento será un acto espiritual y pastoral al mismo tiempo. Las palabras y el encuentro con los demás se cargan de un significado profundo, y así el encuentro alimenta, santifica y realiza también al catequista.

No fue espiritual solo el momento de plegaria, sino toda la preparación hecha con amor, que da sentido, gozo, claridad y seguridad al catequista en el encuentro de catequesis, y puede llegar a vivir una verdadera experiencia mística en medio de ese encuentro con los demás.

Esta actividad pastoral se hace así profundamente satisfactoria, y en lugar de desgastarlo, plenifica al catequista y lo llena de vida. Así, el momento de descanso posterior al encuentro no será la desconexión de un corazón vacío y hastiado, que se quitó un peso de encima, sino el reposo de un corazón profundamente satisfecho.

El encuentro con los demás no debería ser un obstáculo que limite nuestras posibilidades contemplativas. Afirmar eso sería volver a establecer un marcado dualismo entre la intimidad y la exterioridad, entre la subjetividad y la acción, entre la soledad y el encuentro con el otro, entendiendo la exterioridad, la acción y el encuentro con los demás como enemigos de la contemplación.

Veamos juntos cómo es esa modalidad específica de ser espiritual que se vive en la misión catequística: las diez características básicas de la espiritualidad de la catequesis, o sea, la mística propia de la *actividad* catequística.

1
Enamorados de Jesús Maestro

En primer lugar, digamos que la misma imagen de Jesús que tiene un catequista está marcada por su misión catequística. El Jesús que contempla en su oración y en su meditación *es el Jesús Maestro, el Jesús catequista*. Es el Jesús que distribuye el pan de su Palabra y siembra su vida en los corazones de la gente. Es el que se detenía a catequizar a la samaritana, a Zaqueo, a los pecadores. El catequista está tan identificado y compenetrado por la misión que recibe de Jesús, que no puede evitar mirar a Jesús como catequista.

Por eso, cuando el catequista contempla a Jesús en la oración, cuando lo adora y dialoga con Él, en esa misma oración se siente impulsado a ser catequista como Jesús. Allí mismo, en la oración privada, debe brotar el deseo del encuentro catequístico.

No es que va a la oración a sacar fuerzas para poder «soportar» un encuentro catequístico. No va a la oración a descansar en el Señor después de haberse esforzado mucho en la catequesis. Si así fuera, su vida espiritual estaría al margen de su misión. Al verdadero catequista, en la misma oración personal *le brota el deseo* (como un fuego que no se puede apagar) *de comenzar el encuentro catequístico*. Y al terminar el encuentro vuelve a encontrarse con el divino Maestro para agradecerle feliz que ha podido ser su instrumento para llegar a los demás con su Palabra.

Miremos a Jesús: Él no era un místico aislado de la gente y del mundo, sino que vivía su espiritualidad completamente inmerso en la historia y en la relación con los demás. Iba y venía por los caminos de Galilea sin dejar de contemplar los pájaros y las flores de su tierra, e invitaba a sus discípulos a prestar atención, a contemplar las cosas y la vida, a percibir el mensaje de la naturaleza (Lc 12,24.27; Jn 4,35). Comía y bebía con los pecadores (Mt 11,19), se entretenía gustoso con los niños de su pueblo (Mc 10,13-16). Podía detenerse a conversar con la samaritana (Jn 4,27), con Nicodemo (Jn 3,1-3). Se dejaba lavar los pies por las prostitutas (Lc 7,36-50), y se detenía a tocar a los enfermos con su propia saliva (Mc 7,33). Cuando hablaba con alguien, no lo hacía con desgana sino que fijaba su mirada con una profunda atención amorosa:

Jesús fijó en él su mirada y le amó (Mc 10,21).

Estaba atento a los más pequeños gestos de bondad de su gente y era capaz de maravillarse ante los pobres:

Vio a una viuda muy pobre, que ponía dos pequeñas monedas de cobre (Lc 21,2).

Esa compenetración con su tierra y su pueblo ciertamente caracterizaba el modo de amar de Jesús, y era por lo tanto parte de su «espiritualidad» cotidiana:

El propio Verbo encarnado quiso participar de la vida social humana. Asistió a las bodas de Caná, bajó a la casa de Zaqueo, comió con publicanos y pecadores. Reveló el amor del Padre y la excelsa vocación del hombre, evocando las relaciones más comunes de la vida social y sirviéndose del lenguaje y de las imágenes de la vida diaria corriente. Sometiéndose voluntariamente a las leyes de su patria, santificó los vínculos humanos, sobre todo los de la familia, fuente de la vida social. Eligió la vida propia de un trabajador de su tiempo y de su tierra (GS 32).

Jesús no era ciertamente una persona separada de los pobres y sencillos, por considerarlos incultos, ignorantes, imperfectos, indignos de su trato. Su relación con la gente provocaba cariño y admiración. Fueron más bien los poderosos –y algunos grupos reducidos al servicio de ellos– quienes persiguieron a Jesús y orquestaron su desaparición, mientras el pueblo en general se identificaba con Él. Así lo evidencia Jn 7,45-49, donde se ve a las autoridades intentando apresar a Jesús, mientras la gente sencilla lo escuchaba admirada. La conclusión de las autoridades elitistas confirma la realidad: «¿Acaso alguno de los jefes o de los fariseos ha creído en Él? Pero esa gente que no conoce la Ley son unos malditos» (7,48-49). Tampoco los apóstoles eran seres elitistas, recluidos en pequeños grupos de selectos, aislados de la vida de su gente. El libro de los Hechos insiste en destacar que, mientras las autoridades los acosaban, ellos gozaban de la simpatía de todo el pueblo (He 2,47; 4,21.33; 5,13).

Siguiendo el modelo de Jesús, todo catequista está llamado a introducirse de lleno en la tierra donde vive «con el mismo afecto con que Cristo se unió por su encarnación *a las determinadas condiciones sociales y culturales* de los hombres con quienes convivió» (AG 10), y ha de reflejar su espiritualidad «en el ambiente de la sociedad y de la cultura patria, según las tradiciones de la nación» (AG 21).

De este modo, «por experiencia directa» (RMi 53), los catequistas están «familiarizados con sus tradiciones nacionales y religiosas, descubren con gozo y respeto las semillas de la Palabra que en ellas laten». Así pueden vivir el gozo de «advertir en diálogo sincero y paciente las riquezas que Dios generoso ha distribuido a la gente» (AG 11). Se trata de una espiritualidad mundana, pero sagradamente mundana, porque es capaz de contemplar los signos de Dios en el mundo y en la vida de su gente.

Solo de ese modo los catequistas podrán transmitir el Evangelio «de manera creíble y fructífera» en un lugar. Solo así podrán «comprender, apreciar, promover y evangelizar» el ambiente donde actúen (RMi 53).

Por todo esto, el catequista no puede pensar que su espiritualidad son los momentos de soledad, cuando puede estar en silencio con Jesús y liberarse del mundo y de los demás. Al contrario, cuando se encuentra con Jesús en la soledad, siente una llamada apremiante a compartir la vida de la gente –igual que Jesús– para amar y servir. Su espiritualidad es un modo de amar, es la profundidad con que mira y escucha a los demás, es su capacidad de descubrir la acción del Espíritu en los otros, es una mirada contemplativa en medio de la vida, como la de María, que «guardaba cuidadosamente todas las cosas en su corazón» (Lc 2,51).

Y sobre todo, *el gran momento espiritual será el encuentro catequístico,* donde se concentrará toda su capacidad de amar, de contemplar la Palabra, de entregarse a otros, de gozar la presencia de Jesús, de percibir los signos de la gracia. Ciertamente, aunque los momentos de soledad orante son indispensables, *el mejor alimento para su espiritualidad será un encuentro catequístico bien vivido:* vivido en la presencia del Señor, con amor y por amor. Sobre todo allí encontrará a Jesús, su Maestro, y allí será instrumento de la gracia que lo santificará a Él mismo.

Camino personal

Para tu crecimiento personal en la espiritualidad catequística te propongo tres tareas:

a. Que en algunos momentos de oración te dediques a recorrer lentamente, en la presencia de Jesús, las narraciones de los Evangelios, para contemplar en los textos las distintas actitudes de Jesús como catequista.

b. Jesús tiene una mirada particular para cada uno. Es una mirada siempre llena de amor, de comprensión y de estímulo, pero no es igual para todos, porque se adapta a lo que necesita cada persona de acuerdo a su temperamento y a lo que está viviendo. Te propongo que recuerdes en oración, uno por uno, a todos tus catequizandos, y te imagines cómo miraría Jesús a cada uno de ellos.

c. Imagina cómo sería el próximo encuentro catequístico si lo vivieras con profunda espiritualidad, si hicieras cada cosa solo por amor, sin esperar reconocimientos. Si lo vivieras descubriendo a Jesús en medio del grupo, mirando a cada uno con ternura. Y cuando llegue el próximo encuentro, trata de vivirlo de esa manera más espiritual.

2
Esos pocos rostros

Aun cuando el catequista se aparte a la soledad para tener un encuentro personal con Jesús, los demás no podrán estar ausentes. Porque si se ha tomado en serio su misión, nunca podrá quitarlos de su corazón cuando se acerque a dialogar con Jesús en la soledad.

Por eso, la intercesión ocupa un lugar y una fuerza muy particular en la oración personal del catequista y en su encuentro con la Eucaristía. Es cierto que esto vale para todos los cristianos; pero en la intercesión del catequista predominan *unos pocos rostros:* los rostros de sus catequizandos, con sus historias muy concretas y personalísimas.

Frente a Jesús, el catequista va recordando esos pocos rostros y lo que ha vivido con ellos en el encuentro catequístico. Habla con Jesús de lo que ha percibido en sus miradas, en sus palabras, en sus gestos. Ruega a Jesús por esa tristeza que vio en Juan, por ese nerviosismo que asalta a Julia, por esa timidez que limita a Eduardo. De ese modo, su oración es también un profundo acto de amor al prójimo.

Muchas veces tenemos una idea equivocada sobre lo que es una persona contemplativa o espiritual. Creemos que alguien es más espiritual cuando piensa solo en Dios, y no se distrae con recuerdos, con pensamientos sobre las personas, con afectos humanos. Este es un tremendo error que nada tiene que ver con una sana espiritualidad, porque «¿cómo puede amar a Dios, a quien no ve, el que no ama a su hermano, a quien ve?» (1Jn 4,20). Veamos un ejemplo:

Ciertamente, san Pablo era muy espiritual. Sin embargo, observemos cuál era el contenido de su oración:

En todo momento damos gracias a Dios por todos vosotros, recordándoos sin cesar en nuestras oraciones (1Tes 1,2-3).

Ruego siempre y en todas mis oraciones con alegría por todos vosotros (Flp 1,4).

Cuando san Pablo oraba, estaba *sin cesar* recordando a sus hijos espirituales, y en *todas* sus oraciones rogaba por ellos. Eso quiere decir que nuestra espiritualidad tiene que incorporar a los demás, particularmente a los que Dios nos ha confiado.

Esa capacidad de concentrar su amor en unas pocas personas a las que ha sido enviado, hace que el catequista sea para ellos un pastor, un padre, una madre. El catequista también es «pastor» de sus catequizandos, aunque de distinta manera que el sacerdote. El sacerdote es pastor desde sus funciones específicas e indelegables, que son celebrar la Eucaristía e impartir la absolución sacramental, es decir, en cuanto es instrumento de la donación de la Gracia santificante, que se derrama sobre todo en esos sacramentos. De esa manera, él da vida a las ovejas y las sana. Pero también lo hace el catequista desde el ministerio de la Palabra: lleva a sus catequizandos a los verdes prados y a las fuentes del agua viva que restaura (Sal 23,2-3), y así los cura (Ez 34,4.16). Los acerca a la Eucaristía, les ayuda a orar, les enseña a amar con generosidad, y así les da el agua de vida.

Por eso mismo, el catequista ejerce la función de padre y madre para con sus catequizandos. El concilio Vaticano II nos enseñó que toda la comunidad es madre «a través de la caridad, la oración, el ejemplo y las obras de penitencia» (PO 6). Pero cada uno ejerce esa maternidad de la comunidad de un modo más directo con los que le han sido encomendados particularmente. Por eso el catequista es, de una manera especial, padre y madre de sus catequizandos (1Tes 2,7-8.11-12); genera para Dios y acompaña en el camino a sus hijos espirituales. Aquí se ubica la dimensión mariana de la catequesis, porque de María aprendemos la acogida, la cercanía, la ternura, la delicadeza y el cuidado materno.

Y en cuanto a la cercanía y al conocimiento íntimo que el pastor tiene de sus ovejas (Jn 10,14), el catequista *es más pastor y más padre-madre* que el sacerdote. Porque su trato es ciertamente más frecuente y más cercano. Un signo de ello es que, mientras el párroco muchas veces no conoce el nombre de todos los niños, jóvenes y adultos que asisten a la catequesis, los catequistas conocen mucho más que sus nombres. En ese sentido, son un signo más diáfano de Dios como un padre que nos llama por nuestro propio nombre.

Pero la espiritualidad del catequista implica la convicción profunda de ser *instrumento y reflejo de Cristo,* que es el verdadero y principal Pastor. Ante todo, en él deben encontrar el amor firme y orientador de un padre y la ternura de una madre. Por eso el afecto del catequista es sincero y cálido, pero al mismo tiempo desprendido y oblativo. Porque, sobre todo, le interesa el bien de los catequizandos y su encuentro con Cristo. Por eso Jesús dijo a Pedro: «Apacienta *mis* ovejas» (Jn 21,17). La catequesis no existe, en primer lugar, para que los catequizandos se hagan amigos del catequista y guarden de él un buen recuerdo, sino para que, a través de él, encuentren vida, fortaleza y alegría en el Señor. Allí está el gozo más profundo de la fecundidad del catequista. Y su sano orgullo no será decir que los catequizandos nunca se han olvidado de él, sino que viven el Evangelio y se dejan guiar por el Espíritu: «Vosotros sois mi carta, escrita en vuestros corazones... no con tinta, sino con el Espíritu de Dios vivo» (2Cor 3,2-3).

Esos pocos rostros, cercanos y particularmente amados, son objeto permanente de su mirada y de su recuerdo contemplativo.

Camino personal

a. Entra en la presencia de Dios y comienza a recordar los rostros de tus catequizandos. Míralos con amor y trata de reconocer en cada rostro sus sufrimientos, sus cansancios, sus heridas, sus temores, sus dificultades, y también sus alegrías, sus capacidades, sus buenos sentimientos. Háblale a Jesús de todo eso, pídele por las necesidades profundas de cada uno de ellos y dale gracias por las cosas buenas.

b. Ofrécete al Señor como instrumento para llegar a cada uno de ellos con todos tus gestos y acciones. Pídele a Jesús que tome todo su ser para que sea Él quien actúe en tu catequesis. Cerrando tus ojos, imagina tus manos y ofrécelas para que sean instrumentos de caricia, de cercanía. Imagina tu rostro y pídele a Jesús que lo transforme con sus propias expresiones de amor, fortaleza y compasión. Imagina tu boca y ofrécela para que de ella solo salgan las palabras adecuadas y necesarias. Imagina todo tu cuerpo y pídele a Jesús que, a través de todos tus movimientos, Él mismo pueda manifestarse a los catequizandos.

3
Reflejos de una Palabra gustada

Ciertamente, la Palabra de Dios ocupa un lugar central en la espiritualidad catequística. Pero esa Palabra no solo está en el centro de la oración personal; también es el núcleo espiritual del encuentro catequístico. Sobre todo por eso, el encuentro catequístico no es una clase; es un encuentro comunitario con la Palabra. Al *transmitir la Palabra* a los catequizandos, el catequista la está contemplando, la está gozando, la está escuchando él mismo, se está dejando tocar. En medio del encuentro está agradeciendo en su interior el don de la Palabra, está expresándole su amor y vivenciándola.

Es cierto que su relación con la Palabra en el encuentro catequístico será más rica y más gozosa si previamente la ha contemplado en la oración solitaria, si la ha rumiado serenamente en su intimidad, si la ha aplicado a su propia vida en una prolongada meditación.

Si el Evangelio es una propuesta de vida y se ordena a producir un modo determinado de vivir, la primera actitud espiritual del catequista será acogerlo en la propia existencia, llevarlo al propio corazón, hacerlo carne en su interior. De esta manera, el encuentro catequístico consistirá en «comunicar a otros lo que se ha contemplado»[1]. No se trata solo de llevar una vida moral perfecta, sino, ante todo (y como condición de esto), de tener una relación personal con Dios en su Palabra, que se refleje en el modo de hablar de ella. Un catequista que estuvo a solas con la Palabra la transmite con fuerza, con convicción, con pasión, y eso se contagia.

Esto tiene al mismo tiempo una gran importancia pastoral, ya que «el hombre contemporáneo escucha más a gusto a los que dan testimonio que a los que enseñan» (EN 41). La autenticidad —que tanto valora el mundo de hoy— «exige a los evangelizadores que hablen de un Dios a quien ellos conocen y tratan familiarmente como si lo estuvieran viendo» (EN 76).

---

[1] Santo Tomás de Aquino, ST II-II, 188, 6.

Por consiguiente, lo normal debería ser que el catequista utilice para su meditación personal el mismo texto bíblico que deberá transmitir a sus catequizandos, y no otro. Usar un texto distinto al del encuentro catequístico le llevaría a desarrollar una oración personal paralela a su actividad y sin relación directa con ella.

El catequista, si actúa movido por el dinamismo del Espíritu, estará permanentemente orientado a la Palabra. Evitará predicarse a sí mismo o encerrarse en un determinado esquema mental o en unas pocas ideas que le atraen. No solo respetará y amará la Palabra de Dios, sino que se postrará ante ella con una disposición de gozoso sometimiento, como humilde servidor. A partir de esa actitud, será un buscador permanente del sentido profundo de esa Palabra, para poder comunicárselo a los demás[2].

Conviene detenerse en esta preciosa meditación del papa Pablo VI:

El Evangelio que nos ha sido encomendado es también Palabra de verdad. Una verdad que hace libres y que es la única que procura la paz del corazón... Verdad profunda que nosotros buscamos

---

[2] Cf F. Brossier, *Relatos bíblicos y comunicación de la fe,* Verbo Divino, Estella 1987.

en la Palabra de Dios y de la cual no somos ni los dueños, ni los árbitros, sino los depositarios, los herederos, los servidores.

De todo evangelizador se espera que posea el Culto a la verdad; porque la verdad que él profundiza y comunica es la Verdad revelada... El predicador del Evangelio será aquel que, aun a costa de renuncias y sacrificios, busca siempre la verdad que debe transmitir a los demás. No vende ni disimula jamás la verdad por deseo de agradar a los demás, de causar asombro, ni por originalidad o deseo de aparentar. No rechaza nunca la verdad. No la oscurece por pereza de buscarla, por comodidad, por miedo. No deja de estudiarla. La sirve generosamente, sin avasallarla (EN 78).

Por eso, no se trata solo de orar con la Palabra, sino también de estudiarla, de tratar de comprender su mensaje real. Cuando yo, catequista, me dedico a estudiar la Palabra de Dios que voy a comunicar, este estudio es al mismo tiempo una actitud espiritual y pastoral:

- *Es espiritual* porque es la expresión de un «culto a la verdad» (EN 78), de un gran amor a la Palabra. Porque no quiero predicar lo que se me ocurre, sino lo que verdaderamente dice esa Palabra, y tengo temor de manosearla.

- *Es pastoral,* porque la actividad catequística no es procurar que los demás se conecten con mis ideas, con algún recurso llamativo, con mi habilidad pedagógica. No es buscar que digan que soy una persona interesante. Ni siquiera es tratar de inculcarles mi propia espiritualidad. La actividad catequística en su sentido más hondo es procurar que los demás se encuentren con Cristo y crezcan en el amor, que se produzca un encuentro con lo que dice Cristo en ese texto concreto.

Habrá que leer una y otra vez la Palabra hasta que se haga más clara. Habrá que leer también las notas, o algún comentario. Habrá que consultar con alguien si hay algo que nos parece oscuro o complicado. No se trata de comprender perfectamente todos los detalles. Este proceso de búsqueda me lleva a encontrar el eje del texto bíblico, su mensaje central. Pero este estudio al mismo tiempo permite que yo me familiarice con el texto bíblico, que se me haga cercano y propio, de manera que pueda hablar a los demás de algo que verdaderamente he tratado.

Sin embargo, no basta con entender el mensaje. Hay que permitir que esa Palabra le hable a la propia vida, a mi existencia concreta, de manera que yo no exija a otros que se dejen interpelar existencialmente por esa Palabra si yo primero no me dejé «tocar» por ella.

Dejando que esa Palabra se «encarne» en la propia vida, el catequista puede ser verdadero instrumento de Dios, que no quiere ni funcionarios ni instrumentos pasivos. Este camino de personalización exige una cooperación consciente del catequista en su encuentro con la Palabra. En ese encuentro orante con un texto bíblico, puede ayudarse con algunas preguntas. Por ejemplo: ¿Qué me dice este texto, a qué me motiva? ¿Qué me pide? ¿Qué me molesta y por qué me molesta? ¿De qué trato de escapar y por qué? ¿Qué me agrada?

A través de estas preguntas es posible descubrir lo que Dios quiere decirle a uno personalmente, en un diálogo amoroso hecho a la luz del Espíritu Santo. Para esto hace falta un silencio interior, un espacio receptivo que acoja la luz de Cristo que se derrama gloriosamente[3]. Un silencio que permita que la Palabra toque la propia existencia, le pida algo, la transforme, la ilumine.

Pero también es cierto que la oración del catequista con la Palabra no debe ser intimista o individualista. Cuando está orando con la Palabra,

---

[3] Cf H. U. Von Balthasar, *Palabra y silencio,* en Verbum Caro, Madrid 1964, 167-190.

allí mismo debe brotar la actitud apostólica. En la misma oración personal con el texto bíblico, el catequista comienza a preguntarse qué quiere decir Dios a *sus catequizandos* con esa Palabra. El amor a Dios siempre se convierte inmediatamente en un impulso de amor al prójimo, y por eso la contemplación de Dios siempre tiende a convertirse en una inclinación hacia el prójimo. Así, en su encuentro con la Palabra, el catequista siente el impulso de incorporar a los catequizandos en su meditación con la Palabra.

Esto hace que el catequista, en su relación con la Palabra, sea muy sincero, muy abierto, muy sensible. Porque cuando hay algo de esa Palabra que no comprende, que no le dice nada, que no le motiva, en lugar de escapar de estas dificultades escondiéndose en una abstracción o en una explicación fácil y rápida, el catequista reacciona pensando en sus catequizandos: «Si esta Palabra no me dice nada, ¿cómo voy a motivarlos a ellos para que la reciban sinceramente?». «Si yo me rebelo frente a esta Palabra, ¿cómo los ayudaré a ellos a comprenderla y aceptar su mensaje?». Y entonces comienza a implorar la ayuda de la Gracia, y hace un nuevo esfuerzo personal por dejarse hablar por la Palabra, por dejarse tocar y movilizar personalmente.

Esa Palabra, estudiada, contemplada, aplicada a la propia vida, es la que uno comunicará con pasión en el encuentro catequístico. Y los demás se contagiarán percibiendo ese entusiasmo y ese amor.

El mismo encuentro catequístico se convierte así en un momento contemplativo de la Palabra. No se trata solo de lo que santo Tomás de Aquino llamaba «comunicar lo que se ha contemplado», sino de que la misma catequesis sea un acto profundamente espiritual. Así se realiza una contemplación espiritual *en la comunicación misma del mensaje*. Cuando el catequista está hablándoles a los demás de la Palabra, no es un profesional más, sino un enamorado que está amando cada frase que lee en la Palabra, está saboreando cada cosa que dice acerca de esa Palabra amada.

Camino personal

Te propongo que comiences a practicar en tu oración la *Lectio divina catechistica*. Es decir, que tomes el texto bíblico del próximo encuentro catequístico y sigas el siguiente proceso:

a. Invoca al Espíritu Santo para que te ilumine y te haga comprender la Palabra.

b. Relee varias veces el texto lentamente, hasta que se te haga claro y familiar. Con un lápiz marca las palabras que se repiten, dibuja el personaje que se destaca, trata de descubrir el mensaje central del texto. Si tienes dudas, lee las notas de la Biblia, o busca algún comentario. Y si te quedan dudas, anótalas para consultar con alguien. Pero este primer paso consiste en lograr que el texto se haga claro, que puedas decir de qué habla, que sientas que lo conoces.

c. Después, comienza a preguntarte qué le dice ese mensaje a tu propia vida; qué quiere cambiar el Señor en tu propia forma de comportarte, en tus sentimientos, en tus reacciones, en tus planes; qué quiere pulir y mejorar el Espíritu Santo. Si hay algo que te molesta en ese texto bíblico, no dejes de reconocerlo para preguntarte por qué y para conversarlo con el Señor.

d. Pídele al Señor su gracia para poder responderle a esa Palabra, e imagínate de qué manera podrás obedecer a lo que el Señor te pide.

e. Dedica unos minutos a dar gracias al Señor, a adorarlo, a contemplarlo.

f. Luego, piensa que esa Palabra es también para los demás. Entonces comienza a recordar a tus catequizandos y pregúntale al Señor qué les quiere decir a ellos a través de esa Palabra. Ciertamente, habrá algún contenido doctrinal que tendrás que explicarles, pero siempre tendrás que intentar que esa Palabra los lleve a un encuentro personal con el Señor, con su amor, con su amistad. Trata de descubrir qué es lo que ellos más necesitarán escuchar cuando les expliques esa Palabra.

g. Ora al Señor por ellos, para que puedan recibir la Palabra con un corazón abierto.

4
El impulso secreto del Espíritu

El catequista podría buscar simplemente un éxito inmediato, para sentirse importante, hábil o capaz. Pero, en ese caso, los frutos de su tarea serán superficiales y pasajeros. En cambio, si verdaderamente ama a los catequizandos y los importantes son ellos, entonces tratará de permitir que actúe el Espíritu Santo y se dejará llevar por Él:

No habrá nunca evangelización posible sin la acción del Espíritu Santo... En efecto, solo después de la venida del Espíritu Santo, el día de Pentecostés, los apóstoles salen hacia todas las partes del mundo para comenzar la gran obra de la evangelización.

El Espíritu es quien explica a los fieles el sentido profundo del Evangelio. Él es quien hoy, igual que en los comienzos de la Iglesia, actúa en cada evangelizador que se deja poseer y conducir por Él, y pone en los labios las palabras que por sí solo no podría hallar... Las técnicas de evangelización son buenas, pero ni las más perfeccionadas podrían reemplazar la acción discreta del Espíritu. La preparación más refinada del evangelizador no consigue absolutamente nada sin Él. Sin Él, la dialéctica más convincente es impotente sobre el espíritu de los hombres. Sin Él, los esquemas más elaborados sobre bases sociológicas y psicológicas se revelan pronto desprovistos de todo valor... Él es el agente principal de la evangelización. Él impulsa a cada uno a anunciar el Evangelio y en lo hondo de las conciencias hace aceptar y comprender la Palabra de salvación (EN 75).

No hay que olvidar que la eficacia o la fecundidad «sobrenatural» no puede confundirse con la fama del catequista, con la admiración que despierte, ni con efectos psicológicos o reacciones emocionales que pueda lograr.

La acción discreta del Espíritu se caracteriza más bien por la profundidad de sus efectos (generosidad, don de sí, perdón, etc.) y por la estabilidad de esos efectos en la vida de los catequizandos, que perduran mucho más allá de la presencia del catequista.

Si posee una humilde y firme confianza en la acción del Espíritu, el catequista puede ser más fácilmente utilizado por Él y experimenta el fervor de sembrar una semilla que siempre actúa por su propio poder:

> Conservemos el fervor espiritual. No perdamos la dulce y confortadora alegría de evangelizar, incluso cuando hay que sembrar entre lágrimas. Hagámoslo como esa multitud de admirables evangelizadores que se han sucedido a lo largo de la historia, con un ímpetu que nadie ni nada sea capaz de extinguir. Sea esta la mayor alegría de nuestras vidas entregadas (EN 80).

Esta actitud de confianza en el Espíritu es también una expresión de amor a la gente, porque solo el Espíritu puede obrar lo que necesita el corazón del hombre:

> Y ojalá que el mundo actual, que busca con angustia y con esperanza, pueda así recibir la Buena Noticia, no a través de evangelizadores tristes y desalentados, impacientes o ansiosos, sino a través de ministros del Evangelio, cuya vida irradia el fervor de quienes han recibido en sus vidas la alegría de Cristo (EN 80).

Tristes y desalentados son los catequistas que no confían en la acción misteriosa del Espíritu. Impacientes o ansiosos son los que confían demasiado en su propia capacidad. Se adoran a sí mismos, y por eso tienen necesidad de éxitos rápidos y visibles.

Y cuando la catequesis no brinda todas las satisfacciones que la persona desearía, cuando los frutos son más pequeños de lo que se esperaba, cuando el corazón se cansa de luchar por la apariencia y el reconocimiento de los demás, es posible que se apoderen del catequista nuevos venenos que destruyen el entusiasmo espiritual: el escepticismo, el cansancio y el desánimo.

Es cuando el cansancio se ha convertido en fatiga, en desgana, en sinsentido, en tristeza. Cuando ya la actividad catequística ha pasado a ser como un trabajo, lo más limitado posible, para no perturbar una vida cómoda. No es el cansancio feliz y sereno de quien se ha entregado por amor en el encuentro catequístico. El esfuerzo ya no tiene sentido. Eso significa que la actividad ha perdido las motivaciones más profundas, y entonces simplemente se «soporta». Esa actividad ya no es espiritual. La catequesis ha perdido el «Espíritu».

El catequista se ha cansado tratando de demostrar que vale mucho, y no lo ha logrado.

Entonces, finalmente, baja los brazos y se dice a sí mismo que ya no vale la pena esforzarse tanto, que todo es relativo. Para mantenerse en ese estado de apatía por el que ha optado en lo profundo de su corazón, se dice en su interior: «Todo da igual». «Mi tarea no produce frutos». «Cuando termina la catequesis no queda nada». «Yo no tengo mucho que aportar». «La catequesis no da soluciones a los problemas del hombre de hoy». «El mundo va por otros caminos, y por más que me esfuerce no podré remar contra la corriente». «Lo que yo pueda lograr es demasiado pequeño, a costa de un esfuerzo muy grande».

Este escepticismo es un verdadero suicidio, es una renuncia a la fecundidad, que al mismo tiempo es renunciar a vivir. Es mutilarse y atrofiar cada día más el núcleo profundo de la persona, con lo cual se produce la muerte espiritual más terrible. Allí se termina la espiritualidad, por más que la persona rece.

Por eso es bueno recordar algunas motivaciones espirituales que nos ayuden a recuperar el entusiasmo, el fervor, el empuje y la confianza.

Recordemos (y contemplemos en oración) el ejemplo de la primitiva comunidad cristiana, tal como aparece en los Hechos y en las Cartas paulinas. Allí vemos a los cristianos cargados de la alegría del Espíritu, del coraje en el anuncio, y capaces de una gran resistencia activa. Pero todo ello brotaba del encuentro comunitario con el Señor vivo, resucitado. La fe nos permite creer en Dios, que a través de ese testimonio nos dice que es posible evangelizar de esa manera. Si en aquellas circunstancias difíciles, en medio de la persecución, fue posible un anuncio enamorado, valiente y gozoso, también hoy podemos vivirlo. Pero hay que aceptar vivirlo, hay que atreverse a ese vértigo y a ese desafío que nos saca de la normalidad. Es bueno releer algunos textos del Nuevo Testamento y rumiarlos en oración. Puede ser una gran ayuda contra el escepticismo (He 4,13-31; 8,26-40; 2Cor 5,13-15; Flp 4,1-8; 1Tes l,1-9).

Si nos convertimos en seres acomplejados, que creen que lo que el mundo ofrece tiene más poder y más belleza que la propuesta del Evangelio, preguntémonos: ¿Acaso el mundo ofrece realmente algo mejor? ¿Acaso la política está ofreciendo algo más al mundo? ¿Acaso el consumismo individualista puede hacer nacer una humanidad mejor? ¿Acaso el progreso científico y económico sin límites morales puede asegurar un futuro de justicia, paz y libertad?

Sería bueno imaginar qué nos dirían san Pablo, san Agustín, san Francisco de Asís o la Madre

Teresa de Calcuta si les presentáramos las excusas para justificar nuestros desánimos, cobardías y comodidades.

Nuestro desaliento se cura muchas veces cuando vemos que todavía hoy existen personas que se dejan llevar por el Espíritu, capaces de dar la vida por una convicción, y sobre todo que aún existan catequistas mártires que dan la vida por Jesucristo y su Evangelio. Si algunos pueden darse de tal manera a una misión que implica entregar la propia sangre, entonces la comodidad, la mediocridad, la escéptica dejadez ya no tienen excusas. Yo, catequista, tendré momentos difíciles, pero todavía no he dado la sangre por Jesucristo.

La fe no es solo creer en Dios, sino también creerle a Él, creer que es verdad que nos ama, que Él conduce la historia, que es capaz de intervenir, que no nos abandona, que saca bien del mal con su poder y con su infinita creatividad. Es creer que siempre puede auxiliarnos. Es creer en la presencia de Jesús que marcha victorioso en la historia «en unión con los suyos, los llamados y elegidos y fieles» (Ap 17,14), creer en la acción discreta pero real del Espíritu, creer en la intercesión de los santos (Ap 6,9-10).

Y la esperanza es tener la certeza de que siempre tendremos a nuestra disposición el auxilio de Dios para salir adelante, para enfrentarlo todo y para que todo termine bien. La esperanza logra que eso que creemos por la fe se convierta en una certeza sobre la propia vida y sobre esta historia concreta que estamos viviendo. El Señor, que ya ha vencido muchas veces el poder del mal, «seguirá venciendo» (Ap 6,2). Porque Dios no habita solo en las pequeñas luces del presente, habita también en el futuro. Por eso el futuro no estará carente de su gloria y de su presencia salvadora[1].

El Espíritu Santo puede actuar misteriosamente en cualquier circunstancia, también en medio de los aparentes fracasos de la catequesis. Por eso Pablo se gloriaba en sus debilidades (2Cor 12,10), donde se manifestaba perfectamente la fuerza de la gracia (2Cor 12,9). Porque «llevamos este tesoro en recipientes de barro, para que aparezca que una fuerza tan extraordinaria es de Dios y no de nosotros» (2Cor 4,7). Esto es lo que se llama «sentido de misterio». Es saber con certeza que, quien se ofrece a sí mismo a Dios por amor (Rom 12,1), y de ese modo se entrega a la misión que Dios le confía, seguramente será fecundo, será un sarmiento con abundantes fru-

---

[1] Cf J. MOLTMANN, *Teología de la esperanza,* Sígueme, Salamanca 1989.

tos (Jn 15,5), su vida y su actividad no serán estériles. Ningún encuentro catequístico será inútil.

Jesús decía: «La gloria de mi Padre está en que vosotros deis fruto abundante» (Jn 15,8). Pero esos frutos se producen de manera misteriosa, esa fecundidad es muchas veces invisible, inaferrable, no puede ser contabilizada. Por eso, el catequista puede entregarse intensamente a la misión con la seguridad de que su esfuerzo será fecundo, pero sin pretender saber cómo, dónde, ni cuándo. Eso es «el secreto del Espíritu».

No se pierde ninguno de nuestros trabajos realizados con amor, no se pierde ninguna de nuestras preocupaciones sinceras por los demás, no se pierde ningún acto de amor a Dios, no se pierde ningún cansancio generoso. Todo eso queda dando vueltas por el mundo como una fuerza de vida que va dando frutos. Así como, al producir ondas en el mar con el movimiento de nuestras manos, ese movimiento se va propagando por todo el océano, de la misma manera, ninguna obra hecha por amor y con amor dejará de modificar al universo. Ningún encuentro catequístico vivido con amor será inútil.

Pero es importante aprender a dejarse amar también cuando creemos que hemos fracasado, aprender poco a poco a dejarse estar en la ternura de los brazos del Padre. Hay que aprender a dejarse tocar por la gracia, permitiéndole a Dios mismo que nos consuele, de manera que no renunciemos al ministerio de derramar consuelo en los demás. El siguiente texto expresa maravillosamente lo que acabamos de decir:

> Dios nos consuela en todo sufrimiento nuestro para que nosotros podamos consolar a los que están en toda tribulación mediante el consuelo con que nosotros somos consolados por Dios. Pues, así como abundan en nosotros los sufrimientos de Cristo, también por Cristo abunda nuestro consuelo. Si somos atribulados, es para vuestro consuelo y salvación. Si somos consolados, lo somos para vuestro consuelo (2Cor 1,4-6).

Todo esto solo es posible por la gracia del Espíritu Santo. Solamente la acción de la gracia puede sanar nuestro escepticismo y nuestro desaliento enfermizo, entrando en lo profundo de nuestras motivaciones y de nuestras energías. De ahí que sea necesario invocar cada día la acción del Espíritu Santo para que nos fortalezca interiormente, para que nos regale una vez más la energía, el arrojo, la alegría inagotable de evangelizar.

Pero movidos por el Espíritu Santo hay que dejar la cómoda orilla y arrojarse «mar adentro»

(Lc 5,1-11), venciendo los miedos (Mc 4,35-41) con la mirada en Cristo (Mt 14,22-33). Vale la pena el gozo de decir a los demás que «hemos encontrado al Mesías» (Jn 1,41.45).

Cuando dejemos que el Espíritu Santo –que brota del corazón del Resucitado– nos impulse en esta tarea, seguramente experimentaremos las maravillas que Él puede hacer en los corazones, y nos admiraremos viendo lo que puede lograr su gracia. Eso es lo que vivió san Pablo, que predicaba el Evangelio «no solo con palabras, sino también con poder y con el Espíritu Santo, con plena persuasión» (1Tes 1,5). También san Pedro hablaba de este precioso Evangelio predicado «en el Espíritu Santo» (1Pe 1,12). De ese modo, se vive el gozo de los discípulos de Emaús, que sintieron «arder su corazón» junto a Cristo y, por eso, salieron a comunicárselo a los demás: «Es verdad, ¡el Señor ha resucitado!» (Lc 24,34).

El Espíritu Santo puede provocar aquí y allá brotes de un mundo nuevo. Aunque se los corte, esos brotes vuelven a surgir, porque la resurrección del Señor ya ha penetrado la trama oculta de esta historia, porque Jesús no ha resucitado en vano. Vale la pena ser partícipes de esta dinámica del Espíritu con nuestra misión catequística.

Camino personal

a. Entra en la presencia de Dios, dale gracias y adóralo un momento.

b. Trata de recordar algunos momentos en que te has sentido triste, desalentado, desilusionado, o perdiste el gusto y el gozo de la catequesis.

c. Pregúntate si no ha quedado algo de eso en tu corazón. Escribe todo lo que sientas con total sinceridad.

d. Comienza a invocar al Espíritu Santo, insistentemente. Recuerda que Él es fuego que purifica, que da calor, que ilumina, que quema todo lo malo. Y pídele que destruya todos los sentimientos negativos que te perturban. Pídele que sane los malos recuerdos, y que haga un cambio en tu interior: que en lugar de desaliento ponga esperanza; que en lugar de tristeza ponga alegría; que en lugar de soledad ponga la amistad con Jesús; que en lugar de orgullo lastimado ponga humildad y sencillez.

e. Imagina cómo sería tu próximo encuentro catequístico si tuvieras mucho más fervor, entusiasmo, alegría, confianza... Y pídele al Espíritu Santo que Él lo haga.

5

La paciencia del amor

El crecimiento espiritual es un proceso –generalmente lento– en el que la gracia de Dios trabaja con la libertad débil del hombre, sin violentarla. La libertad de nuestros catequizandos está llena de condicionamientos, de trabas, de heridas, que muchas veces disminuyen la responsabilidad de sus acciones[1]. Las semillas del Espíritu van germinando también en medio de la cizaña (cf Mt 13,24-30) de un modo misterioso que no siempre puede ser apresurado ni medido con criterios externos (cf Mc 4,26-32). Esta convicción debería estar marcada a fuego en el corazón del catequista, de manera que pueda respetar y esperar pacientemente los tiempos de las personas.

---

[1] Cf *Catecismo de la Iglesia católica,* n. 1735.

En la catequesis se ponen en juego las distintas virtudes que permiten expresar adecuadamente el amor, y que evitan que ese amor se debilite. Una de esas virtudes es la paciencia. Sin paciencia no hay amor, porque «el amor es paciente» (1Cor 13,4).

Cuando el catequista es incapaz de tolerar los defectos ajenos, no soporta que los demás modifiquen sus planes, o no acepta que interrumpan lo que él proyectó y preparó, entonces le importa más la tarea que las personas. Pero como las personas no se dejan manejar ni absorber, es posible que pronto ciertas actividades se conviertan en una carga vivida sin gozo. La falta de paciencia puede provocar así un trastorno en la actividad catequística, que deja de ser expresión y alimento de la espiritualidad y se convierte solo en un cumplimiento externo que se tolera a duras penas.

Si hemos optado por servir a los demás, por ayudarles a llevar las cargas de la vida y anunciarles el Evangelio, necesitaremos ser pacientes con ellos. Tendremos que tolerar sus límites, aceptando que nos quiten parte de nuestro tiempo, que nos contradigan o que no nos escuchen, etc. Porque la impaciencia no solo termina enfermándonos y destruyéndonos por dentro; también nos convierte en enemigos de aquellos a quienes deberíamos amar[2].

La falta de paciencia nos atormenta el alma con rencores y lamentos, nos arruina la vida, y enferma el corazón del catequista con sentimientos de tristeza y desaliento. Los demás se convierten en seres detestables o, a lo sumo, tolerables.

Lo primero que se requiere para poder ser pacientes con alguien es darle importancia a esa persona, valorarla profundamente. Si nos sentimos dioses y creemos que los demás no valen nada, entonces seremos incapaces de tolerar sus defectos o errores y nada nos impedirá lastimarlos. A veces sucede que los catequistas, por considerarse más formados o más crecidos que los demás, tienden a mirarlos como seres imperfectos, ignorantes o de «baja calidad». Esto ciertamente no favorece una actitud sincera de paciencia y comprensión. La Palabra de Dios propone lo contrario:

Que cada uno se llene de sentimientos de humildad para con los demás, porque Dios se opone a los orgullosos y da su ayuda a los humildes (1Pe 5,5).

---

[2] Cf H. Nouwen, *La compasión en la vida cotidiana,* Lumen Argentina, Buenos Aires 1996.

Cuando aparece la tentación de ser intolerantes o impacientes con alguien, lo primero que cabría recordar es que esa persona es obra de Dios, que Dios puso todo su amor cuando la creó. Esa persona no existe por casualidad o por fatalidad, sino porque hay un amor, el amor de Dios, que ha querido darle la existencia y sostiene su ser a cada instante. Esa persona existe porque Dios, desde toda la eternidad, pensó en darle la vida. Su vida tiene sentido porque es parte del proyecto de Dios. Entonces, tiene un lugar en el universo, aunque yo no lo pueda descubrir. Tiene derecho a estar aquí, igual que yo.

Pero hay algo más hondo: Dios, al darle la vida a esa persona, la creó a su imagen. Eso significa que tiene una inmensa dignidad, porque Dios se refleja en su ser, aunque yo no alcance a reconocerlo. Por otra parte, Dios vive en esa persona, habita en su interior. Si no fuera por esa presencia permanente de Dios, esa persona no existiría.

Así, reconociendo la grandeza de ese ser humano, es más posible que podamos tener paciencia con sus debilidades y defectos. La paciencia verdadera es una profunda actitud espiritual.

También podemos ser más pacientes con alguien si tratamos de reconocer y agradecer las cosas buenas que esa persona tiene. Ninguna persona es pura oscuridad, nadie es solo defectos y nada más que defectos. Dios no hace cosas horribles o inútiles. Si pensamos que es realmente Dios quien creó a esa persona, entonces no podemos pensar que no tenga algo valioso. Otra cosa es que nosotros no lo hayamos descubierto. A veces es la envidia lo que no nos permite reconocer las cosas buenas de algunas personas. Pero el Espíritu Santo siembra en todos los seres humanos algunos carismas: en alguno será la simpatía, o una bella sonrisa; en otros será la capacidad de cantar bien, o alguna otra habilidad.

También siembra hábitos buenos: una persona puede ser agresiva pero muy responsable, puede ser un ladrón pero muy compasivo con su familia. Los defectos que alguien tiene no quieren decir que todo lo demás que haya en esa persona sea falso. Es importante tratar de mirar con atención para descubrir esas cosas buenas que nos permitan mejorar la imagen que tenemos de esa persona. Si no lo logramos, podemos preguntarle a su madre, o a sus amigos. Pero también podemos pedirle al Espíritu Santo que Él nos ilumine para ver lo que Él obra en esa persona, en medio de los defectos que nos molestan. De este modo, podremos reconocer que esa persona no es pura oscuridad. Es una mezcla de luz y oscuridad, de cosas malas y de cosas buenas.

Y si nos miramos a nosotros mismos, podemos descubrir que también nosotros somos una mezcla. No somos pura luz, pura bondad, pura generosidad, puro desinterés. Pero tampoco somos pura maldad y egoísmo. Eso permite que no nos odiemos a nosotros mismos, y que entonces no necesitemos rechazar a los demás[3].

Una ayuda que puede ser muy útil es imaginar cómo será esa persona que me molesta cuando esté en el cielo. Allí ya no tendrá defectos ni manchas, ni malas actitudes. Allí estará liberada y sanada de todo eso. En el cielo esa persona será restaurada perfectamente por Dios y brillará con toda la hermosura que Dios quiso darle, llena de amor y de bondad.

Así, transformados por Dios, estamos llamados los dos a convivir eternamente en el cielo. No dejaremos de ser nosotros mismos, pero resplandeceremos libres de toda imperfección y de todo lo que pueda ser desagradable.

Otro recurso espiritual para tener más paciencia es detenernos a contemplar la paciencia de Dios:

---

[3] Cf C. GONZÁLEZ VALLÉS, *Te quiero, te odio,* Sal Terrae, Santander 1997, 108-117.

El Señor no tarda en cumplir sus promesas, como algunos se imaginan, sino que tiene paciencia con vosotros, porque no quiere que nadie perezca... Tened en cuenta que la paciencia del Señor es para nuestra salvación (2Pe 3,9.15).

Dios respeta la libertad y los tiempos de cada persona, hasta el punto de que tolera ser ofendido de muchas maneras, permite pacientemente ser ignorado y despreciado. Y dentro de esta humanidad pecadora, es muy importante que yo reconozca también la paciencia que Dios ha tenido *conmigo* en muchos momentos de mi existencia, cuando yo hice mis planes y proyectos al margen de su proyecto para mi vida, sin consultarle a Él. O las veces que me resistí a su amor y a la alegría que Él quería darme; las veces que me encerré en mis rencores, egoísmos y tristezas. Sin embargo, Dios siempre tuvo paciencia conmigo, me esperó con ternura y me ofreció su amistad gratuitamente. Por eso, espera que yo actúe con los demás de la misma manera. Pero no se trata aquí de mortificarse con la culpa, porque esto puede traducirse en intolerancia con los demás para compensar los propios sentimientos de inferioridad. Se trata de la auténtica ternura de quien siente que ha sido cariñosamente comprendido y esperado.

Entonces sí puede ser compasivo con los demás. Si valoramos la paciente y cariñosa espera de Dios con nosotros, podremos evitar ser ansiosos frente a la lentitud de los cambios de los demás. Porque los cambios de comportamiento dependen de profundas transformaciones interiores, y a veces llevan muchos años (y si hablamos de las culturas, tenemos que pensar en décadas y siglos). Normalmente los cambios visibles se realizan con lentitud, con pequeños pasos. Los evangelizadores impacientes no soportan eso y entonces viven disgustados con los demás. Además, hay personas que comienzan a cambiar solo cuando se sienten aceptadas así como son, con todas sus virtudes y defectos; cuando saben que alguien las ama y que espera con cariño, sin ansiedad. Pero cuando sienten que alguien quiere dominarlas o imponerles un cambio inmediato, se resisten por dentro y deciden seguir siendo así como son.

A veces pensamos que el modelo de Dios es demasiado perfecto para que nosotros podamos imitarlo. Olvidamos que el Hijo de Dios se ha hecho hombre como nosotros, y de verdad compartió en todo nuestra existencia. Él era un ser humano sano, libre. Podía reaccionar con firmeza, como cuando se enfrentaba a los religiosos de su época, que hacían daño a los débiles y controlaban la vida ajena (Mt 23,23; Lc 11,46). Pero era sumamente paciente con los pecadores, los imperfectos, los infieles. También fue paciente mientras lo insultaban y crucificaban (Lc 23,33-34). Por eso Él pudo decir: «Aprended de mí que soy paciente y humilde de corazón. Y encontraréis descanso» (Mt 11,29). Porque los impacientes no tienen descanso, no encuentran calma. Están siempre perturbados por los errores y defectos ajenos, y por eso no pueden tener un corazón sereno. En cambio, los que aprenden a mirar con ternura las imperfecciones de los demás, encuentran serenidad interior y dejan de perturbarse tanto cuando los demás se equivocan. Jesús decía: «Felices los mansos» (Mt 5,4). Es bueno contemplar a Jesús paciente, imaginar su corazón sereno cuando la gente lo invadía y le cambiaba los planes (Mc 6,31-34; Mt 14,13-14). También podemos advertir su mirada compasiva con las miserias y desconfianzas de sus discípulos (Mt 14,30-31; 20,20-23), su cariño tan humano y divino.

Podemos pedir al Espíritu Santo que trabaje con su gracia en nuestro interior, para que podamos parecernos más a Jesús en su modo de actuar y tengamos un poco de su paciencia y su compasión.

El modelo de Jesús se hace más luminoso en su Pasión:

> Cristo padeció por nosotros y nos dejó ejemplo, para que sigamos sus huellas… Cuando era insultado no devolvía el insulto, y mientras sufría no amenazaba a los demás (1Pe 2,21.23).

En la Pasión de Cristo podemos advertir que esa persona que nos desagrada tiene un valor muy grande. Para descubrir cuánto vale a los ojos de Dios conviene recordar lo que el Padre Dios entregó por esa persona: la sangre preciosa de su propio Hijo. Por eso dice la Biblia: «¡Vosotros habéis sido bien comprados!» (1Cor 7,23). Él nos «adquirió con la sangre de su propio Hijo» (He 20,28). Por eso podemos reconocer que esa persona vale tanto, que el precio que se pagó por ella es la vida de Jesús ofrecida en la Cruz.

Por eso, cuando yo mire ese rostro que me molesta, puedo imaginar a Jesús sufriente en ese ser humano. En lugar de estar atento a lo que me desagrada, puedo contemplar en esa persona el rostro de Jesús coronado de espinas. Así podré soportar también alguna injusticia sin alimentar rencores.

Recordemos, además, que cuando uno cree en Dios y lo ama, también está llamado a ofrecerle algo. A veces podemos ofrecer a Dios cosas que nosotros mismos elegimos: un ayuno, una limosna o cualquier otro sacrificio. Pero, en realidad, lo que más agrada a Dios es que ofrezcamos esas cosas que son parte de la vida de cada día. Por ejemplo: las actitudes de los demás que a veces nos quitan la paciencia, todo lo que nos molesta de los demás, sea grande o pequeño. Dios no deja sin premio una ofrenda sincera y generosa. No le interesan las ofrendas hechas de la boca hacia fuera, sino que en su infinito amor valora las ofrendas de nuestro corazón, esas que brotan de una decisión verdadera. Como cuando aceptamos tener que soportar a alguien que tiene un carácter que no nos gusta, o que habla de una manera irritante, o que piensa de un modo diferente.

Pero un catequista, si está realmente enamorado de su misión, es capaz de ofrecer esas molestias por las mismas personas a las que ha sido enviado, para que alcancen la plenitud y la felicidad que Dios quiere para ellas.

Sabemos que no hay paciencia verdadera si el corazón está lleno de rencor. Pero para vencer el rencor hay que tratar de buscarle alguna excusa a esa persona, algo que nos ayude a comprenderla y disculparla por esa forma de actuar, de manera que no nos sintamos agredidos cuando nos diga o haga algo antipático. Así reaccionaba Jesús cuando era crucificado: «Padre, perdónalos, porque no saben lo que hacen» (Lc 23,34). Es sano pensar que quizás esa persona reacciona así por algunos sufrimientos profundos que guarda en su corazón, por algunos recuerdos que la torturan, por un sentimiento de inferioridad que la envenena, porque la han lastimado mucho en el pasado, porque la vida le negó lo que más deseaba, etc. Buscándole esas excusas, es posible aprender a mirar con ternura y compasión sus defectos y malas actitudes.

A veces lo que nos vuelve impacientes con los demás es la ansiedad, ese «nerviosismo» que es una especie de prisa interior permanente. La persona ansiosa puede aparecer serena por fuera, pero por dentro está acelerada. Siente una necesidad imperiosa de lograr todo inmediatamente. Quiere terminar rápidamente todo lo que tiene que hacer, sin dejar nada pendiente, necesita anticiparlo todo. Entonces, su mente siempre va más adelante que su cuerpo. Cuando está haciendo algo, está pensando en lo que tendrá que hacer después. No se detiene en nada con profundidad, no está con todo su ser en ninguna tarea ni en ninguna cosa. No dedica toda su atención a las personas que trata. Las escucha pensando en lo que tendrá que responder o en lo que tendrá que hacer después. Así se priva de relaciones auténticas, y los demás se convierten en un simple medio para realizar sus proyectos.

Es mejor entregarnos de lleno en cada cosa que tengamos que hacer, pensando solo en eso y dejando el futuro o el día de mañana en las manos del Señor. Es mejor que Dios sea el rey y el Señor de nuestra tarea, que Él guíe nuestra actividad, y todo terminará bien, aunque muchas cosas nos sorprendan y nos cojan desprevenidos. Es cierto que los planes de Dios pueden llevarnos por otros caminos que nosotros no habríamos soñado, pero siempre será para nuestro bien. Por eso, es mejor ser capaces de detenernos con todo el ser en la actividad catequística, descubriendo su valor:

> Veo que no hay para el hombre nada mejor que gozarse en sus trabajos, porque esa es su paga (Ecle 3,22).

Sobre todo en las cosas que hacemos para Dios tenemos que desprendernos de los frutos. Cuando los resultados llegan, es bueno detenernos a gozarlos, con el corazón agradecido a Dios, que nos ha hecho fecundos. Pero cuando los frutos no llegan, es mejor ser pacientes recordando que Dios recogerá los frutos en su momento, en su tiempo, y para su gloria. Ya decía Jesús que cuando terminamos una tarea tenemos que decir «somos siervos; solo hicimos lo que teníamos que hacer» (Lc 17,10). Pero la persona que ha sido dominada por la ansiedad, vive pendiente del fruto de sus trabajos y, cuando lo consigue, no lo disfruta mucho tiempo, porque pronto necesita obtener algo más, algo nuevo. La vanidad nos lleva a estar ansiosos y pendientes de los frutos, pero el amor nos lleva a entregarnos al trabajo con toda el alma para cumplir una misión, desprendidos de nuestra gloria personal y dejando los resultados en las manos de Dios. Porque «si el Señor no construye la casa, en vano se cansan los albañiles» (Sal 127,1).

Por último, contemplemos también a María. Después de haber buscado a Jesús durante dos días por todas partes, finalmente lo encontró en el templo y le contó la angustia que había pasado. Pero Jesús le respondió que debía ocuparse de las cosas de su Padre (Lc 2,41-49). Ella no comprendió lo que eso significaba concretamente (Lc 2,50), pero aceptó con paciencia ese misterio divino que la superaba, esos planes de Dios que ella no podía todavía abarcar. Por eso, a pesar de no poder controlar la situación con su mente, ella «conservaba todo en su corazón» (Lc 2,51). Paciencia, algún día llegaría la luz para comprender. También en la tarea catequística muchas cosas escapan a nuestro control, a nuestra planificación, a nuestras estructuras, pero muchas veces tendremos que entregarnos con la paciencia del amor a los misteriosos proyectos de Dios, que no siempre son los nuestros.

Camino personal

a. Entra en la presencia de Jesús y dale gracias por la paciencia que ha tenido a lo largo de tu vida, porque muchas veces te ha comprendido y te ha esperado.

b. Contempla la paciencia de Jesús en la Cruz y dale gracias de corazón. Quizás puedas besar un crucifijo y expresar en ese beso todo tu cariño y gratitud.

c. Recuerda los momentos en que has perdido la paciencia, aunque sea interiormente, con alguno de tus catequizandos. Pero no te culpes ni lo culpes a él. Solo contempla las escenas.

d. Pídele a Jesús que te sostenga con su cariño, con su ternura, con su compasión, con su mirada. Trata de buscarle alguna explicación a los comportamientos o a la forma de ser de esa persona. Intenta mirarla como la miraría Jesús; imagínate reaccionando como reaccionaría Jesús.

e. Detente a pedirle al Señor la gracia de reaccionar así en el futuro, tratando de vencer el mal con el bien.

f. Entrégale al Espíritu Santo el control de tu tarea. Trata de hacer un profundo renunciamiento diciendo algo así: «Señor, ya no quiero tener todo bajo mi control. Te entrego los frutos de mi tarea. Quiero trabajar solo por amor, sabiendo que los frutos llegarán a su tiempo, aunque yo no los vea. Sana mi impaciencia, Señor amado».

6
Ternura que se adapta

Cuando el documento *Redemptoris missio* se refiere al «espíritu» de la acción evangelizadora, pone un fuerte acento en el amor, para que en todo lo que hagamos o decidamos nos adaptemos a lo que conviene a los demás:

El amor, que es y sigue siendo la fuerza de la misión, y es también el único criterio según el cual todo debe hacerse y no hacerse, cambiarse y no cambiarse. Es el espíritu que debe dirigir toda acción y el fin al que debe tender. Actuando con caridad o inspirados por la caridad, nada es disconforme y todo es bueno (RMi 60).

Por lo tanto, la catequesis deberá ser siempre expresión de cercano amor fraterno, evitando todo lo que pueda lastimar, ofender o humillar a los demás. Evitando también hablarles como quien vive lejos de sus dificultades y angustias. La trama de una catequesis amante siempre estará hecha de «atención, ternura, compasión, acogida, disponibilidad, interés por los problemas de la gente». Porque el catequista, ante todo, debe anunciarle al otro «que es amado por Dios y que él mismo puede amar» (RMi 89).

Dios, que habla al catequista en su Palabra, también le habla a través de la realidad. Atento a lo que les sucede a los demás, él podrá descubrir lo que debe anunciar en un contexto determinado y de un modo determinado. En ese contexto es Dios mismo quien tiene algo que decir a su gente. La pregunta es: ¿qué quiere decirle Dios a esta gente, con esta Palabra, en esta circunstancia concreta?

> En efecto, son innumerables los acontecimientos de la vida y las situaciones humanas que ofrecen la ocasión de anunciar, de modo discreto pero eficaz, lo que el Señor desea decir en una determinada circunstancia. Basta una verdadera sensibilidad espiritual para leer en los acontecimientos el mensaje de Dios (EN 43).

Advirtamos que a esta actitud pedagógica se le llama «sensibilidad *espiritual*».

Las circunstancias —las cosas que están viviendo los catequizandos— «plantean un desafío a nuestra capacidad de descubrir y adaptar» (EN 40). Lo que estamos diciendo es lo que monseñor Angelleli llamaba «poner un oído en el pueblo». El catequista ha recibido la Palabra y ha dejado que toque su vida, pero la recibe para comunicarla a un grupo humano en una circunstancia determinada.

Aquí se ponen en juego las actitudes fraternas de la espiritualidad, que despiertan nuestra sensibilidad para reconocer lo que los demás necesitan oír, para descubrir las situaciones humanas donde esa Palabra puede derramarse como luz y como respuesta: las preocupaciones, inquietudes, anhelos, preguntas de los catequizandos. Pueden tomarse en cuenta tanto acontecimientos recientes como las experiencias humanas básicas (desilusiones, miedo a la soledad, inseguridad por el futuro, insatisfacciones afectivas, la preocupación por un ser querido, etc.) que, de alguna manera, afectan a todas las personas. Es decir, las cosas que los catequizandos han vivido o están viviendo.

Así, tratando de buscar cuidadosamente los signos de la voluntad de Dios y las mociones de la gracia en los varios acontecimientos de la vida (PO l8), se llega a descubrir «lo que el Señor desea en una determinada circunstancia» (EN 43).

Se trata de contemplar la vida de los demás con los ojos de Dios para buscar la motivación básica que ayude a despertar interés, por la Palabra que se proclama, de manera que la predicación no responda a preguntas que nadie se hace.

Pero esta actitud de adaptación a los demás implica también dos preocupaciones permanentes en el catequista:

El respeto a la situación religiosa y espiritual de la persona que se evangeliza. Respeto a su ritmo que no se puede forzar demasiado, respeto a su conciencia y a sus convicciones que no hay que atropellar. El cuidado de no herir a los demás, sobre todo si son débiles en la fe (Rom 14-15), con afirmaciones que pueden ser claras para los iniciados, pero que pueden ser causa de perturbación o escándalo, provocando una herida en las almas (EN 79).

Esta actitud permite amar y valorar la forma de vivir y creer de los catequizandos y de sus familias. Por lo tanto, la presentación del mensaje evangélico no será una imposición sino una respuesta a las inquietudes presentes en ellos. También en el pequeño mundo de sus catequizandos, el catequista intentará realizar un proceso de «inculturación»[1], como se ha indicado precisamente en *Catechesi tradendae:* La «inculturación» se produce cuando el Evangelio penetra de tal modo en un lugar, que mueve a la cultura de ese lugar a producir «expresiones originales» de vida cristiana (cf CT 53a). Esto se realiza cuando la catequesis en un lugar logra hacer surgir «desde sus entrañas» (GS 58d) nuevas expresiones culturales cristianas, cuando la espiritualidad del Evangelio se hace «pasión» en un grupo de personas, cuando despierta espontáneamente una sensibilidad favorable[2]. La espiritualidad del catequista incluye ese celo por encarnar el Evangelio en la sensibilidad propia de sus catequizandos, tal como ellos son, como ellos sienten, como ellos viven[3].

Cuando san Buenaventura hablaba de aquellas cosas que pueden ayudar a un pecador a volver al camino de Dios, mencionaba una «piedad inserta en las entrañas desde la niñez» (II *Sent* 28, 2, 1).

---

[1] Cf F. DE VOS, *Pensar la catequesis,* Editorial Claretiana, Buenos Aires 1996, 56-63.

[2] P. BABIN, *La era de la comunicación. Para un nuevo modo de evangelizar,* Sal Terrae, Santander 1997, 202.

[3] Cf E. GENRE, *Cittadini e discepoli,* Elledici/Claudiana, Turín 2000.

Cuando la educación materna, la catequesis, la cultura popular, han logrado producir un sentimiento religioso profundo, esa piedad entrañable se convierte en una atracción permanente que, en el hombre en pecado, puede ser utilizada por el Espíritu para seducir al corazón e iniciar el regreso a la amistad con Dios. En este sentido cabe destacar la importancia de los signos cristianos que impregnan la cultura de los pobres, produciendo una transmisión espontánea de la fe y de la vida cristiana. El catequista debería alimentar una sensibilidad para reconocer los signos que puedan ayudar a los catequizandos a expresar y sostener su fe.

En mi caso, por ejemplo, puedo mencionar algo que Dios ha utilizado frecuentemente para llegar a mi vida con su gracia, mostrándome su gloria e invitándome a un encuentro personal. Es una imagen del Sagrado Corazón de la iglesia de mi pueblo, donde, desde mi niñez, experimenté frecuentemente la llamada a la intimidad con Dios. Esto sucedió gracias a una catequista que me invitó a mirar esa imagen a los ojos, sin miedo, reconociendo el amor de Jesús hacia mí. Todavía hoy, aun en momentos de fuerte aridez, cuando paso por la iglesia de mi pueblo y me detengo un instante frente a esa imagen, se despierta en mí el deseo de amar más a Dios, la gratitud por la amistad que Él me ofrece, la esperanza, etc.

En la vida de cada uno de nosotros existen estos «sacramentales personales»: cosas, lugares, canciones, imágenes que Dios suele utilizar de una manera particular para que recuperemos el sentido de nuestra vida, el deseo de entregarnos, el gozo de su amistad. Es bueno, entonces, recordar que existen esos signos maravillosos que la providencia de Dios quiso poner en nuestro camino personal. Volver a esos lugares, volver a escuchar aquella canción, volver a encontrarse con ese signo que Dios utiliza, puede ser a veces –sobre todo en momentos difíciles– el mejor recurso para que no se produzca un vacío espiritual en nuestra vida, para que siga encendida la llama del amor.

El monje benedictino Anselm Grün ha desarrollado el valor de los «rituales» personales, presentando la aparición de esos rituales –que cada uno crea– como una necesaria expresión sacramental que refleja la autenticidad del amor a Dios y ayuda a recuperar el sentido profundo y gozoso de la actividad cotidiana:

Reacciono alérgicamente cuando alguien sueña con amar mucho a Dios, pero en su vida concreta no se hace visible nada de ese amor a Dios... Si nuestra relación con Jesucristo es auténtica, se ve por la organización que se hace del día, y para ello las primeras horas de la mañana son decisivas. Los rituales matutinos deciden... si lo que nos mueve son los plazos fijados para nuestras tareas o si ponemos todo cuanto hacemos bajo la bendición de Dios... Un ritual matutino que motive para el día de hoy despierta las energías que se encierran en cada uno de nosotros[4].

Cuando el catequista es capaz de reconocer y de crear en su vida esos signos, que ayudan a sostener su propia amistad con Dios, también podrá lograr que los catequizandos se enriquezcan con algunos signos muy personales que los acompañarán y ayudarán toda su vida. Aunque durante un tiempo dejen de ir a Misa, ellos saldrán de la catequesis cargados de signos que les ayudarán a encontrarse con Dios y a volver a Él.

Este proceso es lento, y supone no aferrarse tanto a las planificaciones, estructuras y multitud de contenidos que a veces uno se empeña en transmitir. La ternura espiritual lleva al catequista a renunciar muchas veces a cosas que quisiera

---

[4] A. Grün, *El gozo de vivir. Rituales que sanan,* Verbo Divino, Estella 1998, 56-57.

decir o enseñar, para adaptarse al ritmo de los catequizandos, para aprovechar algo que ellos han dicho, para detenerse ante un gesto de ellos que puede servir como punto de partida. La ternura espiritual nos hace adaptables a lo imprevisible y sumamente respetuosos, para dejar que los gestos cristianos surjan desde las entrañas de la vida de los catequizandos (de su mentalidad, de su emotividad, de su modo de expresarse), para ayudarles a encontrar su modo propio de ser cristianos.

Esto supone una actitud espiritual muy arraigada, que permita reaccionar a tiempo cuando aparecen en el corazón del catequista nuevos brotes de imposición o de avasallamiento. Todo esto forma parte de la adaptación a los demás y de la delicadeza del amor.

Camino personal

Cuando hablamos de la oración con la Palabra vimos que el catequista también se pregunta en su oración qué quiere decir el Señor a sus catequizandos con esa Palabra. Ahora intentemos profundizar esa búsqueda orando un momento con la vida de ellos, intentando descubrir lo que ellos más necesitan escuchar.

a. Leyendo el texto bíblico en la presencia del Señor, intenta contemplar a tus catequizandos con amor, recordando cosas que te han contado sobre ellos, o gestos que ellos han tenido, o actitudes y comportamientos que te ayuden a descubrir lo que les pasa, lo que les preocupa, lo que les inquieta.

b. Entonces, procura descubrir qué puede decirle a esas vidas concretas el texto bíblico que estás meditando; pregúntate dónde quiere depositarse esa Palabra para ser una verdadera luz en sus vidas.

c. Detente un momento a interceder por ellos, para que puedan reconocer lo que esa Palabra quiere decirles a sus vidas concretas, para que la acepten y se dejen transformar, consolar, alentar.

d. Trata de recordar algunas situaciones en que, quizás sin darte cuenta, has querido imponerles algunas ideas, gustos, formas de pensar tuyas, sin advertir que el Señor quería decirles otra cosa, que ellos necesitaban escuchar otra cosa, o que necesitaban escucharla de otra manera. Y pídele al Señor la gracia de tener una gran sensibilidad para adaptarte a ellos, a su forma de expresarse, de sentir, de orar.

e. Inventa en la oración algunos signos que te ayuden a recordar el amor del Señor a lo largo de cada día, para que puedas reconocer más al Señor y hacerlo presente en tu vida cotidiana.

f. Finalmente, trata de imaginar cuáles podrían ser los signos que puedan transmitirle algo a tus catequizandos, adaptándote a su sensibilidad. Así, cuando llegue el encuentro catequístico, podrás ayudarles a encontrar su propia manera de expresar su amistad con Jesús o el mensaje que la Palabra les haya comunicado.

7

A solas ante el pobre

Ser espiritual y contemplativo es también aprender a detenernos ante los demás, amándolos, percibiendo su inmenso y sagrado valor. Contemplar es ser capaz de reconocer, con profunda atención, esa inmensa dignidad de todo ser humano. Es apreciar con sincero interés y cariño los destellos de Dios que hay en cada persona.

Pero si solo nos ejercitamos para detenernos ante lo que es armonioso y bello según los esquemas de la sociedad consumista, solo seremos capaces de detenernos ante un cuerpo bello, proporcionado, limpio y sano. Nos convertiremos en seres selectivos, pretendiendo elegir a quién amar, y entonces seremos cada vez más egoístas, ciegos e insatisfechos. Así seremos absolutamente incapaces de detenernos ante los pobres y de compartir con ellos nuestra vida y nuestro corazón.

La sabiduría de la Biblia nos enseña que de esa manera nos privaremos de la felicidad más profunda, nos quedaremos en la superficie. Nos sentiremos místicos porque podemos detenernos ante la naturaleza o ante una música relajante, pero en realidad nuestro interior seguirá alejado de la realidad, incapaz de detenerse ante el mundo verdadero. Ese engaño malsano queda al descubierto si leemos algunos consejos bíblicos:

> Cuando des una comida o una cena, no llames a tus amigos, ni a tus hermanos, ni a tus parientes, ni a tus vecinos ricos. Porque si luego ellos te invitan a ti, esa será tu recompensa. Cuando des un banquete, llama a los pobres, a los lisiados, a los cojos, a los ciegos, y serás dichoso (Lc 14,12-14).

«¡Y serás dichoso!», dice Jesús. ¿Qué misterioso secreto de felicidad hay aquí? ¿Qué discreta y delicada luz nos quiere hacer descubrir este consejo del Señor?

En otro texto bíblico, se nos narra que Jesús se arrodilló a lavar los pies de sus discípulos. Después de hacerlo, les pidió que aprendieran a lavarse los pies unos a otros, y concluyó diciendo: «Sabiendo esto, seréis felices si lo cumplís»

(Jn 13,17). Otra vez Jesús ofrece un extraño secreto de felicidad: «¡Seréis felices si lo cumplís!».

Ya en el Antiguo Testamento se encontraba esta misteriosa promesa. El profeta Isaías invitaba a compartir el pan con el hambriento, a recibir al pobre en la propia casa, a vestir al desnudo, y luego hablaba de las consecuencias de todo eso: «Entonces brillará tu luz como la aurora y rápidamente se curará tu herida» (Is 58,8).

¿En qué manual de autoayuda aparecen estos curiosos secretos de salud y de felicidad?

En realidad, estos textos bíblicos nos ayudan a desenmascarar las falsas técnicas de la felicidad que no alcanzan a satisfacer de verdad los problemas del corazón. La intimidad del ser humano solo madura en el amor generoso y no es feliz mientras no se aprende a amar en serio.

Las personas que han optado por «convivir» con los pobres y discapacitados, que no solo les dan alguna ayuda material sino que comparten con ellos sus vidas, nos enseñan este arte de detenerse ante ellos para alcanzar la más honda alegría.

Quiero mencionar como ejemplo el testimonio de Jean Vanier. Él destaca cómo, en este mundo competitivo, «ser amigo es hacerse vulnerable, dejar caer las máscaras y las barreras para acoger al otro tal cual es, con su belleza, sus dones, sus límites y sus sufrimientos». Allí, en el encuentro cariñoso, sobre todo cuando el otro sufre o tiene una discapacidad, no se trata de «ascender de grado, volviéndose cada vez más eficaz y buscando un reconocimiento, sino de descender, de perder mi tiempo»[1].

Pero es interesante escuchar el testimonio de Vanier cuando explica cómo comenzó a nacer en él esa felicidad única que promete la Biblia a quien es capaz de detenerse con amor ante los pobres y sufrientes:

Yo sentía que surgían en mí corrientes nuevas de ternura cuando, al tocar la fragilidad y el sufrimiento de las personas con alguna deficiencia, recibía su confianza. Les amaba y me sentía feliz con ellas. Despertaban una parte de mi ser que, hasta ese momento, se encontraba poco desarrollada, atrofiada. Me abrían la puerta de otro mundo, no el de la fuerza y el éxito, el poder y la eficiencia, sino el del corazón, la vulnerabilidad y la comunión. Y esto era nuevo para mí. Me conducían por un camino de curación y de unidad interior[2].

---

[1] J. VANIER, *Amar hasta el extremo,* PPC, Madrid 1997, 25.
[2] *Ib,* 26.

Leamos también algún ejemplo más palpable de este tipo de gozo superior, de esta forma de «detenerse» ante un pobre o un discapacitado que provoca una feliz liberación:

A veces Loïc se sienta en mis rodillas. Pequeño, pobre, incapaz de hablar a pesar de sus cuarenta años, está ahí, silencioso. Él me mira y yo le miro. Estamos en comunión el uno con el otro... Con las personas que sufren una deficiencia mental, como Loïc, vivimos esos momentos de contemplación, llenos de silencio y de paz. Él me mira y yo le miro. Momentos de curación que unifican el cuerpo y el espíritu. Al identificarse con los pobres, Jesús recuerda que se identifica con el pequeño que hay en cada uno de nosotros. Lo importante es estar confiado, abierto, maravillado como un niño. Cada persona es sagrada, sean cuales fuesen sus deficiencias, su fragilidad, su cultura...[3].

Sin embargo, no se trata de un idilio, porque no siempre la relación con los que sufren es una serena contemplación compartida. A veces uno tiene que aprender a reconocer sus propias

---

[3] *Ib*, 37.

reacciones y debilidades para evitar volver a encerrarse en el mundo interior, porque ese «repliegue sobre uno mismo conduce a una asfixia del corazón»[4].

Pero el simple hecho de convertir el amor universal en un verdadero ideal, en una pasión interior, ya nos libera de una falsa contemplación, o de una paz aparente, porque nuestras fibras más íntimas están hechas para el amor universal, para sentir que «todo ser humano es mi hermano», para detenerse ante los demás.

Toda persona «espiritual» es capaz de «abajarse» como Jesús para detenerse ante el otro, que es digno de su amor, para reconocer lo bueno que hay en él, escucharlo, pedirle una opinión, y ayudarlo sin sentirse superior. Por algo san Pablo hacía esta exhortación: «Que cada cual considere a los demás como superiores a sí mismo» (Flp 2,1-4). Y Jesús nos advertía que «el que se ensalce será humillado» (Lc 14,11).

La catequesis también está hecha de algunos profundos momentos «a solas» con alguno de los catequizandos, especialmente con los que tienen dificultades, con los más necesitados de amor, con los más complicados, con los más sufridos,

---

[4] *Ib,* 80-81.

con los más limitados. Esos momentos a solas deberían convertirse en instantes de profunda contemplación amorosa, donde el otro es sagrado, es contemplado como imagen de Dios, como hijo amado del Padre, como llamado a la felicidad del cielo, como inmensamente valioso, contemplado con el amor con que Jesús lo mira.

Vale la pena recordar algunos momentos. Por ejemplo, cuando Jesús se encontró con el sordomudo y, «apartándole de la gente, a solas, le metió sus dedos en los oídos y con su saliva le tocó la lengua» (Mc 7,33). O cuando Jesús estaba frente a frente con el ciego, y le preguntó: «¿Qué quieres que haga por ti?» (Mc 10,51). Quizás los momentos espirituales más intensos y bellos de un catequista se producen cuando logra estar frente a frente con la realidad desnuda de un catequizando, tratando de interpretar lo que más necesita para que pueda encontrarlo en Jesús, su Salvador.

Camino personal

a. Cuando termine el próximo encuentro catequístico, pídele a uno de tus catequizandos que se quede un momento. Pero que sea aquel que te parezca menos dotado, menos bello, menos interesante. Aquel que te parezca el más «pobre» de todos ellos.

b. Trata de tener un momento de diálogo contemplativo con esa persona, reconociendo a Jesús en ella, descubriendo a Cristo crucificado sufriendo en su interior y amando.

c. Interésate por sus cosas, trata de ayudarle a expresar lo que le interesa, lo que le gusta, lo que le pasa.

d. Procura que tu mirada sea cada vez más la de Jesús, dándole una gran importancia a todo lo que te diga, mirando su rostro con atención y prestando todo tu interés a su persona, como si fuerais los únicos que existen en el universo.

e. Después, quédate un momento a solas con el Señor, recordando a este catequizando y hablándole a Jesús sobre él, dándole gracias y pidiéndole por las necesidades que has descubierto. Pero, sobre todo, recordando su rostro y reconociendo en él la imagen de Dios, su inmensa nobleza como hijo amado del Padre.

8

La cumbre y la fuente

Si la Eucaristía es cumbre y fuente de la vida de la Iglesia, también es cumbre y fuente de la actividad catequística. El catequista lleva a la Eucaristía la tarea realizada y se la ofrece a Dios. Al mismo tiempo procura sanar lo que no ha sido bien vivido en la catequesis y busca el alimento para entregarse más en su tarea.

Cuando el catequista va a Misa y se acerca a comulgar, no vive un encuentro con Cristo meramente individual, sino cargado por la presencia de sus catequizandos en el corazón.

Jesús en la Eucaristía nos enseña qué significa amar, hasta qué punto tenemos que hacernos uno con los demás:

Hacerse uno en todo lo que los otros desean, aun en las cosas más pequeñas e insignificantes, en las que uno tal vez ni pone atención, pero que para los otros son importantes. Jesús ejemplificó este modo de actuar precisamente instituyendo la Eucaristía... ¡Hacerse uno hasta el punto de dejarse comer! Eso es el amor.

Hacerse uno de manera que los demás se sientan nutridos por nuestro amor, confortados, aliviados, comprendidos[1].

Por eso, el catequista busca en la Eucaristía la fuerza que le permita entregarse sin reservas a su misión, convirtiendo su vida en alimento para los demás.

Cuando adora a Jesús en la Eucaristía, el catequista deja a sus catequizandos en las manos del Señor. Al mismo tiempo que dirige intensos actos de amor a Jesús, no puede evitar incorporar a sus catequizandos en ese encuentro. Le brota espontáneamente la actitud de entregarlos al Señor, de pedirle por sus necesidades, de ofrecer su comunión por ellos, de entregarse como instrumento para que esa vida de la gracia llegue a ellos.

En su adoración, descubre que Jesús es el verdadero Señor, el único que merece ser adorado. Eso significa que, cuando se detiene a adorarlo, está contemplando a alguien que le ama, está

---

[1] Ch. Lubich, «La Eucaristía hace la Iglesia», en *¿Qué significa la Eucaristía para nuestro tiempo?,* Buenos Aires 1984, l7ss.

frente al horno ardiente y rebosante de amor infinito. Así descubre que lo importante no es que los catequizandos se enamoren de su persona, sino de Jesús; lo que cuenta es que aprendan a adorarlo a Él.

En la adoración, el catequista redescubre que está frente al único Señor, que es el centro del universo, el centro de su vida y el único centro de su misión catequística.

Necesitamos dejarnos iluminar por su presencia para que se transfigure nuestra misión y nuestra vida entera, hasta que todo tenga un sentido luminoso. Porque en la Eucaristía nuestro corazón humano encuentra las respuestas que necesita en cualquier circunstancia:

El pan eucarístico es la fuerza de los débiles, el apoyo de los enfermos, el bálsamo que sana las heridas, la ayuda para el que deja este mundo. Es el vigor de los fieles que trabajan en ambientes y circunstancias en las que su presencia es la única posibilidad de proclamación del Evangelio[2].

Ya enseñaba santo Tomás de Aquino que la Eucaristía es remedio para la fragilidad, confie-

---

[2] XLVII Congreso Eucarístico Internacional, *Jesucristo, único Salvador del mundo. Pan para la vida nueva,* 11c.

re vigor y vitalidad[3]. No le basta sostenernos, sino que nos hace crecer y nos renueva[4]. No es alimento para ayudarnos a sobrevivir, sino para «vivir» con ganas, con intensidad, con fuerza, con un impulso saludable y feliz. Porque ya comienza a introducirnos en la plenitud del cielo como un «astro luminoso», y «hace brotar en el fondo del alma fuentes de energía»[5].

Él, desde la Eucaristía, nos atrae y nos invita a algo más, nos invita a entrar, a quemarnos dulcemente en su fuego que da vida. Por eso, la adoración a Jesús en la Eucaristía no puede ser un fin en sí misma. Si esa adoración es auténtica debe llevarnos al deseo irresistible de la comunión, debe llevarnos al anhelo de la fusión, a la búsqueda de la unión plena que solo puede producirse en la comunión, para asociarnos a Cristo con todo lo que somos y pasar con Él de la muerte a la vida.

No basta adorarlo en el Sagrario y experimentar su presencia espiritual en nuestros corazones, porque a Él no le basta transmitir desde allí una fuerza espiritual. Él es alimento que espera ser comido:

---

[3] Santo Tomás de Aquino, ST III 65, 1.

[4] *Ib,* 79, 1.

[5] T. Toth, *Eucaristía,* Sígueme, Salamanca 1994, 164.

En la Eucaristía Jesús lo da todo... Dios desea estar completamente unido a nosotros para que todo su ser y el nuestro puedan fundirse en un amor eterno. Toda la larga historia de la relación de Dios con los seres humanos es una historia de comunión cada vez más profunda. No es simplemente una historia de uniones, separaciones y reencuentros, sino una historia en la que Dios busca modos siempre nuevos de unirse en íntima comunión con quienes han sido creados a su imagen y semejanza[6].

Él no necesita estar presente en la Eucaristía. Si está allí es para ser alimento del corazón humano, porque desea ser comido y hacerse presente en nuestras vidas, allí donde puede amar y ser amado.

A partir de esta experiencia, el catequista tratará de orientar a sus catequizandos hacia el encuentro pleno con Jesús en la Eucaristía. Sabe que siempre faltará algo mientras ellos deseen sincera y espontáneamente el encuentro con Jesús en la comunión.

En la celebración de la Eucaristía se hace presente el misterio total de la Pascua de Jesu-

---

[6] H. NOUWEN, *Con el corazón en ascuas,* Buenos Aires 2015, 51-52 (Sal Terrae, Santander 1996).

cristo. En cada Misa se hace realmente presente el misterio de la Cruz. No porque Cristo vuelva a morir, ya que ese sacrificio perfecto de amor no se repite, sino porque ese único sacrificio de Cristo se hace presente, se actualiza de un modo misterioso. De hecho, el Cristo resucitado conserva las marcas de sus clavos, las señales de su entrega hasta el fin (Jn 20,27; Ap 1,7; 5,6-9). Además, san Pablo presenta la experiencia cristiana como una participación en la pasión de Cristo: «Estoy crucificado con Cristo… que me amó hasta entregarse a sí mismo por mí» (Gál 2,19-20; 6,14.17; Col 1,24). En la Eucaristía «proclamamos la muerte del Señor hasta que Él venga» (1Cor 11,26).

Nuestra tarea catequística es también, inevitablemente, una sucesión de muertes (renuncias, finales, entregas, pérdidas, etapas que culminan). Pero la Eucaristía nos permite asociarnos de un modo especialísimo al misterio del Cristo entregado, limitado, hecho sacrificio y ofrenda de amor en la Cruz. Y así, uniendo nuestras heridas a las suyas, podemos darle un sentido místico y ardiente a las propias muertes, de manera que de esas *mismas muertes* pueda brotar la vida nueva.

Por eso, en la Eucaristía, el catequista puede presentar todos sus cansancios, sus preocupaciones, sus fracasos, sus humillaciones, sus esfuerzos, su dolor como catequista. Y todas esas cruces, unidas a la Pasión del Señor, se hacen fecundas, se convierten en una bendición para sus catequizandos.

Pero la Eucaristía no es solo una participación en la muerte del Señor, ya que «si Cristo no resucitó, vana es vuestra fe, estáis todavía en vuestros pecados» (1Cor 15,17). El vino, como en cualquier banquete, simboliza también la alegría, la fiesta, el gozo y la plenitud vital del Señor resucitado que nos comunica su vida feliz. Y esto se acentúa más todavía en la celebración dominical, en el día en que Cristo venció a la muerte y comparte con su Iglesia amada el gozo de su triunfo. Por eso, el catequista lleva también a la Misa las alegrías de su tarea, y las celebra. Y lleva también las alegrías y el crecimiento de sus catequizandos, para festejarlos en la Eucaristía.

Pensemos que el Cristo resucitado está siempre presente en la Iglesia, pero nosotros no hemos alcanzado plenamente en nuestras vidas ese misterio de su vida nueva, no hemos pasado del todo de la muerte a la vida. Y la Eucaristía es «para nosotros». De tal manera que, cuando participamos de la Eucaristía, lo que nos sucede es que pasamos un poco más, con Cristo, de la muerte a la vida. En esa presencia única y suprema del misterio de la Pascua se derrama en nosotros la vida de la gracia que llena el corazón rebosante del Resucitado. Así podemos alcanzar algo más de la vida divina que reina en el Resucitado y abandonar un poco más la muerte que nos domina todavía. De ese modo, nos convertimos cada vez más en instrumentos de vida para los catequizandos.

Cuando el sacerdote eleva la hostia como ofrenda, con ella eleva también el amor, las esperanzas, los cansancios, los sueños y alegrías, la vida de la gente. Allí también está toda la vida que va creciendo en la catequesis: la formación, los esfuerzos para preparar mejor la catequesis, los encuentros catequísticos, la vida entera de los catequizandos. Y en la consagración, esa vida con toda su riqueza se llena de la presencia de Cristo que la ilumina y la hace fecunda. De ese modo, acogiendo la presencia de Cristo, y elevándonos con Él como instrumentos de amor, cada uno de nosotros se convierte en un canal del poder eucarístico para que el Evangelio y la vida de la gracia se derramen en la catequesis con poder y alegría.

Camino personal

Te propongo que te prepares para vivir bien la próxima Misa como catequista. Podrías hacerlo de la siguiente manera:

a. Acércate al templo un rato antes de la Misa para adorar a Jesús y colocarlo en el centro de tu propia vida.

b. En ese momento a solas con Jesús, cuéntale las dificultades, las desilusiones, los cansancios de la tarea catequística, y pídele que sane todo eso, que consuele, que libere. Y en esta oración, únete a Jesús que se entrega en la Cruz. Luego, pídele que la Misa que se va a celebrar sea una verdadera fuente de agua viva que te resucite con Él, que restaure todo lo que se ha dañado y fecunde tu misión.

c. Después dale gracias a Jesús por todo lo bueno vivido en la catequesis. Recuerda que la Misa también es como la cima de una montaña, donde uno llega después del duro ascenso. Entonces, ofrécele a Jesús todos los esfuerzos, todos los intentos que has hecho para ser buen catequista, cada pequeño acto de amor, y entrégale eso a Jesús como un regalo de amistad.

d. Recuerda uno a uno a los catequizandos, y encomiéndalos a Jesús en el Sagrario.

e. Luego, en la celebración de la Misa, cada momento será vivido con un corazón de catequista. En el acto penitencial pedirás perdón por tus faltas de paciencia, por tus negligencias en la preparación de los encuentros, por tu falta de alegría en la misión, etc. En las ofrendas entregarás a Jesús a los catequizandos, junto con el pan y el vino. En la comunión pedirás a Jesús que bendiga con su gracia tu tarea y que alimente tu entusiasmo, etc. Así no dejarás de ser catequista en la celebración de la Misa. Vivirás la Misa con profundidad espiritual y como catequista.

9
En amable comunión

En su Carta apostólica *Novo millennio ineunte,* san Juan Pablo II pidió particularmente que los cristianos sean educados en una «espiritualidad de comunión»:

Antes de programar iniciativas concretas, hace falta promover una espiritualidad de la comunión, proponiéndola como principio educativo en todos los lugares donde se forma el hombre y el cristiano (NMI 43).

Por consiguiente, esta espiritualidad fraterna debería ocupar un espacio importante en toda catequesis. Pero eso implica que los catequistas vivan esta espiritualidad de comunión entre ellos. Hoy es indispensable formar siempre una verdadera comunidad educativa que esté impregnada de espíritu comunitario y que esté abierta a una comunidad eclesial más amplia.

Juan Pablo II no se limita a recordar el mandamiento del amor, o a exhortarnos a que lo vivamos en la existencia cotidiana. Pide más bien que toda la organización y la planificación de la actividad de la Iglesia estén efectivamente marcadas por ese amor fraterno:

> Si verdaderamente hemos contemplado el rostro de Cristo, queridos hermanos y hermanas, nuestra programación pastoral se inspirará en el «mandamiento nuevo» que Él nos dio: «Que, como yo os he amado, así os améis también vosotros los unos a los otros» (Jn 13,34) (NMI 42).

Esto implica revisar nuestra concepción de Iglesia e imaginarla como una casa acogedora donde todos puedan vivir como hermanos y aprendan constantemente a ser más hermanos: «Hacer de la Iglesia la casa y la escuela de la comunión: este es el gran desafío que tenemos ante nosotros en el milenio que comienza» (NMI 43). Toda la catequesis debería estar al servicio de este objetivo.

Pero al explicar en qué consiste esta fraternidad, Juan Pablo II evita entenderla de un modo demasiado externo, solo como unidad en la confesión de la misma fe, o como una integración en determinadas estructuras, o como un acuerdo para desarrollar actividades conjuntas con mayor eficacia. Tampoco cae en el extremo opuesto de exaltar la relación íntima con Dios. Aquí Juan Pablo II se refiere a algo intermedio, que se llama «espiritualidad de la comunión», dando primacía a una serie de actitudes evangélicas ante el prójimo. Y para evitar reducir esta espiritualidad a una experiencia emocional o puramente subjetiva, también se detiene a describir algunas actitudes concretas de esa espiritualidad de comunión:

Espiritualidad de la comunión significa ante todo una mirada del corazón, sobre todo hacia el misterio de la Trinidad que habita en nosotros, y cuya luz ha de ser reconocida también en el rostro de los hermanos que están a nuestro lado. Espiritualidad de la comunión significa, además, capacidad de sentir al hermano de fe en la unidad profunda del Cuerpo místico y, por tanto, como «uno que me pertenece», para saber compartir sus alegrías y sus sufrimientos, para intuir sus deseos y atender a sus necesidades, para ofrecerle una verdadera y profunda amistad. Espiritualidad de la comunión es también capacidad de ver, ante todo, lo que hay de positivo en el otro, para acogerlo y valorarlo como regalo de Dios: un «don para mí», además de ser un don para el hermano que lo ha recibido directamente. En fin, espiritualidad de la comunión es saber «dar espacio» al hermano, llevando mutuamente la carga de los otros (cf Gál 6,2) y rechazando las tentaciones egoístas que continuamente nos acechan y engendran competitividad, ganas de hacer carrera, desconfianza y envidias (NMI 43).

Necesariamente, la cultura espiritual de los catequistas ha de ser marcadamente comunitaria. Debería caracterizarse por el desarrollo y la promoción de estas actitudes fraternas.

El catequista «lleva consigo el espíritu de la Iglesia, su apertura y atención a todos», y de esa manera «es signo del amor de Dios al mundo, que es amor sin exclusión ni preferencia» (RMi 89). De este modo, no se siente como un héroe aislado, sino que se siente parte de una comunidad. Esto solo es posible, si se lo quiere vivir con celo y ardor, cuando se mira a la Iglesia con los ojos de Cristo y se la ama como la ama su Esposo, «hasta dar la vida» por ella (Ef 5,26). El predicador necesita hacer de cada conjunto humano una «esposa» pura para entregar a Cristo (2Cor 11,2).

Esta pasión por la comunión lleva al catequista a transmitir a los catequizandos un estilo comunitario de vivir la fe y, por lo tanto, una pasión por el bien común, por la justicia, por la vida social. Es cierto que el encuentro catequístico es comunitario por naturaleza. Pero el amor que se aprende y se practica en la catequesis está llamado a trascender los límites del pequeño grupo.

El Evangelio que se transmite en la catequesis invita a comprometerse a favor del bien común, pero no porque es un deber sino porque el catequizando se ha apasionado por el bien de todos, especialmente de los pobres. El compromiso liberador por la solidaridad y la justicia debería brotar de un dinamismo interno, de una convicción apasionada que se transforma espontáneamente en un modo de reaccionar y de obrar. El anuncio del Evangelio debería transmitir esta pasión social a los catequizandos, este enamoramiento que provoque una entrega por los pobres, explotados, excluidos, débiles y abandonados.

En este caso, la espiritualidad se *encarna* en las entrañas del creyente, convirtiéndose en un amor intenso por la dignidad de las personas –que son imagen de Dios– y en un sincero, vigoroso y eficiente rechazo de todo lo que signifique ignorar, lastimar o denigrar esa dignidad. Solo así puede transmitirse y desarrollarse una espiritualidad integral.

Por otra parte, si la Eucaristía es el centro de la catequesis, recordemos que lo primero que produce la Eucaristía, a partir de los corazones que reciben su gracia, es la unidad de los hermanos, la comunión fraterna:

La Eucaristía ha sido instituida para que nos convirtamos en hermanos; para que de extraños, dispersos e indiferentes los unos de los otros, nos volvamos uno, iguales y amigos; se nos da para que de masa apática, egoísta, dividida y enemiga entre sí, nos transformemos en pueblo, un verdadero pueblo, creyente y amoroso, con un solo corazón y una sola alma[1].

Por eso decía santo Tomás que «su efecto es la unidad del Cuerpo místico», porque «es el sacramento de la unidad de la Iglesia»[2]. O, en palabras de san Pablo: «Siendo muchos, somos un solo cuerpo, porque participamos de un solo pan» (1Cor 10,17). Hay que decir entonces que el corazón solo se ha abierto verdaderamente a

---

[1] SAN PABLO VI, en *Insegnamenti di Paolo VI,* Poliglota Vaticana 1966, III, 358.

[2] SANTO TOMÁS DE AQUINO, ST III, 73, 3; *In IV Sent,* 45, 2, 3.

la acción de Jesús en la Eucaristía cuando de ese corazón brota el impulso del servicio fraterno y el deseo de crecer en la unidad. Eso es posible si el catequista lleva a la Eucaristía no solo a sus catequizandos sino también a la comunidad de catequistas, sus hermanos, y a toda la comunidad de la que forma parte.

Pero tanto la falta de generosidad como las divisiones que pueden verse muchas veces en las comunidades de catequistas muestran que la comunión no produce sus efectos automáticamente en cada uno de nosotros, sino «según la medida de su devoción»[3]. Es necesaria esta cooperación del corazón amante que alimenta su devoción pero que, además, se ofrece a sí mismo (Rom 12,1) junto con el pan y el vino para ser instrumento de unidad y de servicio:

En la ofrenda que presenta a Dios, la Iglesia se ofrece a sí misma[4].

Ofreciéndose a sí mismo como instrumento de unidad, de perdón y de servicio mutuo, cada catequista será instrumento de Jesús para que la comunidad de catequistas crezca en fraternidad y

---

[3] Id, ST III, 76, 5.
[4] San Agustín, *La ciudad de Dios* X, 6.

en generosidad, y sea así un signo luminoso para los catequizandos. Porque Jesús dijo: «Que sean uno... para que el mundo crea» (Jn 17,21).

Después de cada Eucaristía, fuente de unidad, cada catequista debería salir con la decisión firme de alimentar la fraternidad con gestos, actitudes, palabras, encuentros, visitas, miradas, pequeños regalos, y otros tantos signos que muestran la autenticidad de nuestro cariño. Eso también es espiritualidad, porque es «espiritualidad de comunión».

Camino personal

Hasta ahora todo nuestro camino espiritual ha estado centrado en los catequizandos.

Pero ahora ha llegado el momento de incorporar a los demás catequistas, al resto de la comunidad y a la sociedad, para que tu espiritualidad catequística sea verdaderamente una «espiritualidad de comunión». Por ejemplo:

a. No dejes de participar en las reuniones de catequistas. Y en todas las reuniones intenta que sean verdaderos espacios espirituales, tratando de reconocer a Jesús en medio del grupo, porque Él verdaderamente está. Hay que aprender a amarlo no solo en la soledad o en la tarea, sino también en la comunidad catequística.

b. En esos mismos encuentros comunitarios, intenta tratar a cada catequista como si fuera Jesús. Es importante que esto se exprese en gestos de paciencia, de ternura, de perdón, haciendo que los demás se sientan valorados, respetados, escuchados. Y también aportándoles todo lo bueno que puedas entregar con una actitud humilde y generosa. Todo lo que hagas para que cada reunión sea un momento agradable y útil será un acto de amor fraterno y, por lo tanto, será un acto profundamente espiritual que te hará crecer en la amistad con Jesús.

c. Algunas veces también tendrás que incorporar en tu oración a las hermanas y hermanos catequistas, orando por ellos, pidiendo al Señor que les regale felicidad y fecundidad, pidiendo perdón por tus faltas de amor hacia alguno de ellos, pidiendo la gracia del Señor para perdonar a quien te haya ofendido, dando gracias por sus capacidades, etc.

d. Pero la espiritualidad de comunión, la pasión por la fraternidad, tendrá que llevarte a estrechar lazos también con el resto de la comunidad (sea una parroquia, un colegio, etc.), colaborando para que el grupo de catequistas no se aísle del resto. Tendrás que tratar de descubrir lo que Jesús quiere decirte a través de los demás miembros de la comunidad cristiana. Al mismo tiempo, si tu espiritualidad es verdaderamente fraterna y misionera, intentarás abrir tu corazón a las familias de tus catequizandos, a los pobres de tu barrio, etc. Dejarás que Jesús vaya despertando tu sensibilidad social y te preocuparás por los problemas de la sociedad. Así también, te preocuparás de que tus catequizandos crezcan en actitudes sociales, para que sus corazones se abran a los problemas y sufrimientos de los demás. Es indispensable que esta actitud social sea parte integral de tu espiritualidad, porque el corazón no se abre verdaderamente a Dios si no está abierto a los hermanos.

10
Pasión por el crecimiento y la renovación

L a catequesis tiene mucho que ver con la llamada a crecer que Dios dirige a todo cristiano. De hecho, toda la actividad catequística está al servicio del crecimiento de los creyentes. Por consiguiente, todo catequista ha de ser un enamorado del crecimiento.

El catequista es alguien apasionado por la invitación que Dios nos hace a *desarrollar* la vida que Él nos regala. Donde un misionero ha pasado con el primer anuncio del Evangelio y ha iniciado un camino de conversión, el catequista se queda para ayudar a hacer crecer esa vida nueva que se ha hecho presente.

Él mismo está abierto al crecimiento, no solo como cristiano sino también como catequista. Esto se traduce en una permanente renovación en su modo de entender la Palabra, en su metodología y en su ardor evangelizador[1]. Si la espiritualidad se vive en la actividad apostólica, entonces el dinamismo, que es propio de la vida del Espíritu, se traslada también a la actividad. Esto produce una permanente renovación de la tarea misma. La creatividad del amor del catequista se traslada espontáneamente a la preparación de una catequesis en constante crecimiento.

Por eso podemos decir que una catequesis estática, donde todo se repite igual año tras año, está indicando una pobreza en la vida espiritual. Es una espiritualidad que ha dejado de crecer y, por lo tanto, ya no puede impulsar la necesaria renovación apostólica. Esa catequesis ha perdido la vida, y de esta manera ha perdido también su profundidad espiritual.

La confianza en la acción del Espíritu no es meramente pasiva, sino activa y *creativa*. Implica ofrecerse como instrumento, con todas las propias capacidades, para que todas esas capacidades puedan ser utilizadas por Dios: «Esta predicación evangelizadora toma formas muy diversas, que el celo sugerirá cómo renovar constantemente» (EN

---

[1] Cf F. van den Bosch, «Situación, experiencia y vida», en Sociedad de Catequetas Latinoamericanos, *Encrucijadas de la Catequesis a la luz del Directorio General de Catequesis,* São Paulo, 1999, 56-91. En la misma obra cf L. Alves de Lima, «Traços antropológicos da catequese», 144-170.

43). Vemos así cómo esta actitud de confianza ante el valor de la Palabra implica valorar «la importancia de los métodos y los medios de la evangelización» (EN 40) y entregarse con amor creativo a la preparación de la catequesis.

La Iglesia tiene, de hecho, muchos caminos para llegar a un gran número de personas. Pero para llegar de una manera eficaz, la evangelización ha de ser siempre nueva en su expresión. Solo así es posible llegar efectivamente a todos. Por eso el lenguaje catequístico ha de ser claro, directo, adaptado, pero también en permanente cambio y enriquecimiento, porque el mundo de hoy, la sensibilidad de la gente y su lenguaje están modificándose permanentemente. Una catequesis viva está siempre en cambio. El catequista lleno de vida intenta siempre «aprender a hablar según la mentalidad y cultura de los oyentes» (SD 30). Está siempre aprendiendo a ser catequista.

La preparación creativa del encuentro implica darle a la catequesis un orden (Eclo 33,4: «prepara y ordena tu discurso»), una estructura que la haga comprensible e interesante (motivación bien presentada, desarrollo con lógica y sentido, conclusión clara y oportuna), y procurar que la exposición sea breve (Eclo 32,8: «Resume tu discurso, di mucho en pocas palabras»). También implica usar imágenes (que hagan agradable y atractivo lo que se dice) y ejemplos (que lo clarifiquen y lo concreticen)[2].

La belleza, tanto en el contenido y en los acentos como en el modo de expresarlo, es hoy el mejor camino para que el Evangelio se abra paso en los corazones. Pero para eso hay que estar siempre atentos en orden a descubrir las nuevas formas de expresarse, los nuevos gustos, las nuevas sensibilidades.

Es cierto que el Evangelio no se desgasta con el tiempo y que su mensaje está siempre vigente. Pero hoy el mundo no acepta imposiciones, y solo escucha el mensaje de la seducción y del testimonio. Por eso, lo único que puede permitirle lograr una inmersión cultural mayor que la de los poderosos, será su capacidad de reexpresarse en los intereses profundos y en el lenguaje del hombre de hoy. Esto vale peculiarmente para la espiritualidad, que no es tal si no llega a las inclinaciones profundas de las personas. Y el ser humano es siempre nuevo, la sociedad cambia permanentemente, y Dios mismo es siempre una novedad. Una espiritualidad que no responda a las nuevas inquietudes de las personas no

---

[2] Cf J. Wijngaards, *Comunicar la Palabra de Dios,* Verbo Divino, Estella 1988.

puede penetrar en los corazones, ni producir un verdadero dinamismo transformador capaz de difundirse.

La preocupación por el método, incluso por la técnica, debería estar incorporada en esta actitud espiritual que es *responder creativamente al amor de Dios y amar al prójimo con todas nuestras capacidades*. Y eso es también espiritualidad.

La negligencia por la calidad de la catequesis, y, sobre todo, la permanente repetición, puede indicar una escasa pasión por los demás y por la Palabra de Dios. Además, recordemos que el Dios creador quiere prolongarse en el catequista promoviendo todas sus capacidades. No le interesa un instrumento pasivo, medio muerto, sino entregado y creativo. Dios no quiere solo nuestra interioridad; nos quiere enteros, usando toda nuestra mente, nuestra imaginación, nuestra sensibilidad, todo al servicio de la misión.

Así retomamos y aplicamos lo que dijimos al comienzo de este libro: la espiritualidad evangelizadora no deja fuera nada de lo que integra la actividad evangelizadora. Todo ha de situarse bajo el impulso del Espíritu de santidad. Por tanto, también el camino responsable de planificación pastoral, preparación y búsqueda de recursos y técnicas a la luz de la Palabra forma parte de este proceso de santificación, y ha de vivirse como respuesta al amor de Dios y al impulso del Espíritu. La búsqueda permanente de nuevos recursos no debe ser una realidad diferente o separada de la vida del Espíritu: es la vida del Espíritu que quiere penetrarlo y renovarlo todo. Una catequesis que ha sido bien preparada en la presencia del Señor, con creatividad y entrega, es una verdadera fiesta de vida y de esperanza.

Camino personal

Ahora te propongo que hagas un examen de conciencia muy particular, con algunas preguntas que no suelen aparecer en los exámenes de conciencia, pero que necesariamente tendrías que agregar al tuyo, catequista:

a. ¿Cómo ha sido mi entusiasmo para preparar el encuentro catequístico de esta semana? ¿Qué cosas negativas me quitaron el entusiasmo (desaliento, algún enojo, pereza, egoísmo, etc.)?

b. ¿He intentado darle al encuentro más orden, más claridad, más belleza?

c. ¿He procurado buscar algo novedoso en mi forma de entender el Evangelio, en mi manera de presentarlo, en la motivación, en los ejemplos que usé, en las actividades que propuse en el encuentro catequístico?

d. ¿He sido verdaderamente creativo o simplemente he copiado cosas que hacen otros? ¿He puesto todo mi ser, mi imaginación, mi creatividad, mi sensibilidad, y todas mis capacidades para renovar mi catequesis y sentir que estoy transmitiendo algo que es siempre nuevo?

Una vez que hayas hecho este examen de conciencia, pídele al Señor que llene de vida tu catequesis: que ponga creatividad allí donde hay dejadez, que ponga imaginación allí donde hay anquilosamiento y repetición, que ponga fervor y entusiasmo allí donde hay comodidad, que ponga novedad allí donde algo es viejo y anticuado. Que bendiga todas tus capacidades para que tu catequesis esté siempre en crecimiento y en renovación permanente.

Papa Francisco:
concentrarse en lo esencial

Para cerrar este libro, no podemos dejar de recoger un aporte importantísimo del papa Francisco, que es su invitación a concentrarnos en el corazón del anuncio cristiano, ese núcleo que llamamos *kerygma*. Porque volver permanentemente al *kerygma* hace que la catequesis no pierda su frescura, su atractivo, su gozo.

Cuando nos olvidamos del *kerygma* y nos distraemos en un montón de datos de la doctrina cristiana, la catequesis se vuelve un adoctrinamiento paralizante, y la espiritualidad del catequista pierde el fuego, el gozo, el color. Porque «el problema mayor se produce cuando el mensaje que anunciamos aparece entonces identificado con esos aspectos secundarios que, sin dejar de ser importantes, por sí solos no manifiestan el corazón del mensaje de Jesucristo» (EG 34).

Cuando un catequista vuelve a escuchar el *kerygma,* «el anuncio se concentra en lo esencial, que es lo más bello, lo más grande, lo más atractivo y, al mismo tiempo, lo más necesario. La propuesta se simplifica, sin perder por ello profundidad y verdad, y así se vuelve más contundente y radiante» (EG 35).

Este corazón del Evangelio «también en la catequesis tiene un rol fundamental» porque su prioridad no significa «que está al comienzo y después se olvida o se reemplaza por otros contenidos que lo superan. Es el primero en un sentido cualitativo, porque es el anuncio *principal,* ese que siempre hay que volver a escuchar de diversas maneras y que siempre hay que volver a anunciar de una forma o de otra a lo largo de la catequesis, en todas sus etapas y momentos» (EG 164).

Esta vuelta constante al asombro del *kerygma* no debe entenderse como una pérdida de solidez doctrinal, porque «nada hay más sólido, más profundo, más seguro, más denso y más sabio que ese anuncio» (EG 165). Entonces, el peor riesgo de la catequesis es haber reemplazado este anuncio por una compleja instrucción doctrinal, por una obsesión de querer dar miles de informaciones religiosas.

La catequesis es propuesta sistemática al servicio del crecimiento en la vida cristiana, pero busca ante todo una mayor penetración en este núcleo del Evangelio y no tanto agregar más y más información.

Es interesante advertir cómo el papa Francisco aplica esto a todas las formas de catequesis, también a la catequesis prematrimonial:

> No se trata de darles todo el Catecismo ni de saturarlos con demasiados temas. Porque aquí también vale que «no el mucho saber harta y satisface al alma, sino el sentir y gustar de las cosas interiormente». Interesa más la calidad que la cantidad, y hay que dar prioridad –junto con un renovado anuncio del *kerygma*– a aquellos contenidos que, comunicados de manera atractiva y cordial, les ayuden a comprometerse en un camino de toda la vida «con gran ánimo y liberalidad» (AL 207).

En esta línea, conviene asumir la insistencia del papa Francisco en la jerarquía de verdades que nos permite concentrarnos en los grandes temas básicos, cuatro o cinco ejes flexibles, renunciando al enciclopedismo.

La espiritualidad del catequista necesita entonces mantener vivo el asombro por este anuncio del *kerygma,* que nos concentra en el amor incondicional del Padre, la Pascua, el encuentro personal con Jesucristo que nos salva, la confianza en la acción del Espíritu que brota del corazón de Cristo. Todo lo demás es secundario y solo se puede entender bien a la luz de este anuncio central.

Y si un catequista mantiene una espiritualidad llena de asombro por ese primer anuncio, entonces le brotará espontáneamente en cualquier encuentro catequístico, más allá del tema que se trate. Así, cada tema que se trate aportará algo nuevo que permita anunciar el *kerygma* de una forma diferente para que el catequizando se adhiera cada vez más a Jesús, su redentor vivo.

Siempre decimos que de poco servirá nuestra catequesis si no logramos que gracias a ella los demás lleguen a vivir una experiencia personal de Cristo vivo, que los ama y los salva. Pero nunca será posible lograr ese objetivo si nosotros mismos no estamos profundamente concentrados en esa experiencia fundamental, si no recuperamos una y otra vez esa experiencia de ser amados y salvados.

Pero ese anuncio, enseña el papa Francisco, produce un efecto inmediato en nuestro comportamiento, que es el amor fraterno. Y entonces toda la enseñanza moral también se simplifica, y se concentra en el amor. El papa Francisco lo plantea explícitamente:

> No sería correcto interpretar esta llamada al crecimiento exclusiva o prioritariamente como una formación doctrinal. Se trata de «observar» lo que el Señor nos ha indicado, como respuesta a su amor, donde se destaca, junto con todas las virtudes, aquel mandamiento nuevo que es el primero, el más grande, el que mejor nos identifica como discípulos (EG 116).

Porque «es evidente que cuando los autores del Nuevo Testamento quieren reducir a una *última síntesis,* a lo más esencial, el mensaje moral cristiano, nos presentan la exigencia ineludible del amor al prójimo» (EG 116).

Vemos que el papa Francisco ha querido «simplificar» la catequesis y su espiritualidad en el buen sentido: es decir, concentrarlas en lo primero, en lo esencial, en lo central. ¿Y qué es lo esencial? Es Cristo vivo que nos ama y nos salva, y el mandamiento nuevo del amor fraterno. Si esto no está encendido, ardiendo como fuego en nuestros corazones admirados, nuestra catequesis y nuestra espiritualidad serán solo una suma desordenada de afirmaciones frías, sin luz y sin color.

Índice